AF554297

B

Grenoble

Louis LAROCHE

Fleurs sèches

d'Espagne

Fleurs sèches d'Espagne

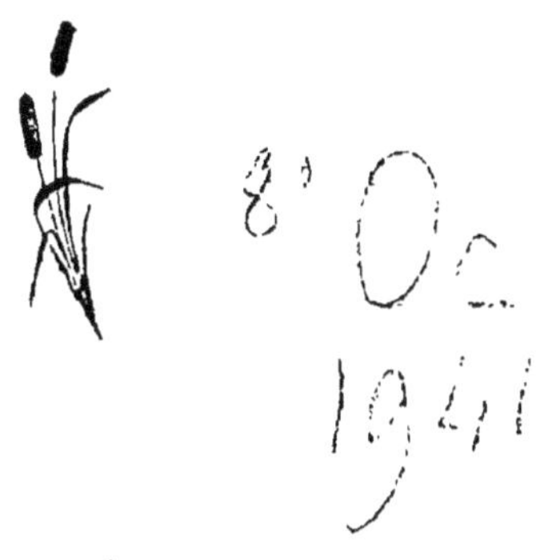

DU MÊME AUTEUR :

MADAME QUATREMÈRE : UNE BIENFAITRICE DE PARIS SOUS LA RÉVOLUTION

(1901)

Médaille d'or de la Société nationale d'encouragement au bien.

LOUISE D'ORLÉANS, PREMIÈRE REINE DES BELGES

(1902)

Id.

LE CHAT

(1903)

Médaille et diplôme d'honneur des Sociétés Nationale Protectrice des animaux et d'Assistance aux petits animaux (1904).

FLEURS SÈCHES 

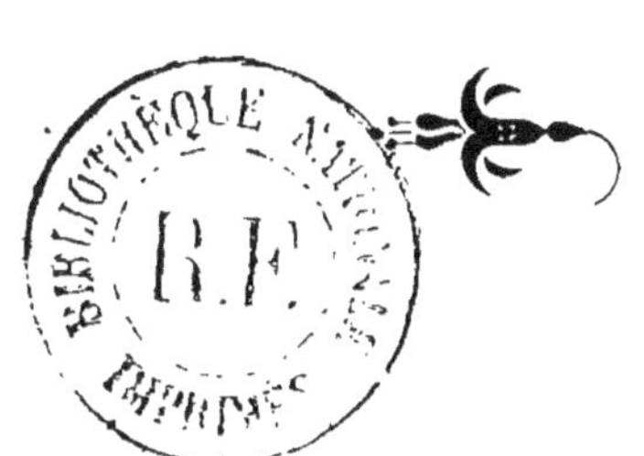

D'ESPAGNE

PAR

Louis LAROCHE

Docteur en Droit.

✠, ✠, ✠.

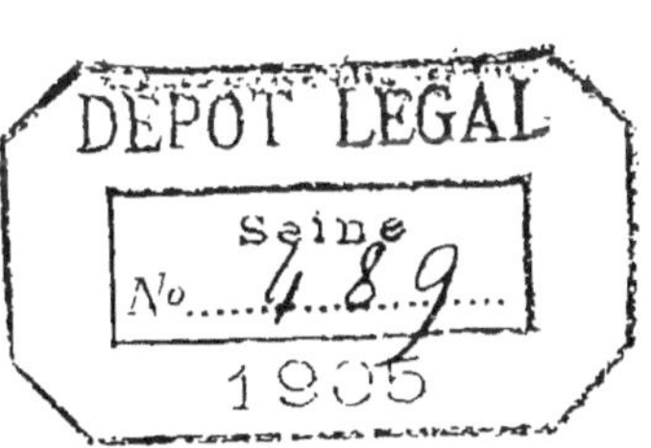

Paris 1905

A

Monsieur et Madame Élie DECAZES

MODESTE HOMMAGE

LOUIS LAROCHE

AVANT-PROPOS

Il est un royaume, véritable jardin de délices, que nous choisirons toujours pour « bâtir nos châteaux », c'est-à-dire pour vivre de la vie des rêves les plus enchanteurs ; pays chéri des amants du pittoresque et de la beauté pure, où tout est douceur et charme, l'air embaumé, le soleil étincelant, les fruits savoureux, le nectar des vins, les fleurs éclatantes, les femmes reines de grâce et de majesté...

Par ses qualités sublimes, le sang qu'elle répandit sans compter, sa fierté, sa poésie, sa foi inébranlable en l'Au-delà, l'Espagne restera grande dans l'Histoire éternelle, alors que les triomphes des nations plus pratiques, dus aux agiotages monstrueux des manieurs d'argent, seront depuis longtemps oubliés.

Aujourd'hui, grâce à une princesse aussi vertueuse que vaillante, digne de son aïeule Marie-Thérèse, grâce à la mère héroïque qui pendant seize ans, au milieu de catastrophes inouïes, guida, d'un pas ferme et d'une main sûre, son fils, du berceau au trône, les destinées de ce peuple valeureux reposent entre les mains de l'héritier des Castille, Bourbon, Habsbourg-Lorraine, Médicis... le jeune roi **Alphonse XIII**. Et c'est en contemplant la noble figure de la Reine **Marie-Christine** que le petit-fils d'une femme (1) morte en odeur de sainteté et « vénérée en pleine Terreur de tout Paris où elle joua un rôle public, par ses vertus, sa charité, son patriotisme », essaie de noter quelques sensations de couleur, de son et de parfum, recueillies dans la patrie du Cid et d'Isabelle la Catholique.

(1) Madame Quatremère.

FLEURS SÈCHES D'ESPAGNE

I

A peine sur le seuil et on éprouve déjà le besoin irrésistible de s'arrêter.

La Bidassoa ! Fontarabie ! Eglise antique aux pierres roussies par le soleil, tour où, pendant près d'un demi-siècle, Jeanne la Folle étouffa son secret et ses sanglots dans le murmure plaintif des vagues ; maisons brodées d'écussons, où faune, flore et tous les mythes héraldiques voisinent avec madones et sirènes dans une dentelle de pierre, émergeant d'un nid de verdure, toute ridée mais toujours majestueuse, Fontarabie, *muy hoble y leal, muy valerosa, siempre muy fiel,* dort dans son armure blasonnée !

L'Ile des Faisans ! Ce nom n'évoque-t-il pas à lui tout seul les pages les plus antiques et les plus glorieuses de l'histoire des deux nations voisines? Que de guerriers et de conquérants, depuis les preux de Charlemagne et Duguesclin jusqu'aux lieutenants de Napoléon, que de princes et de reines campèrent sur ses rives! Que de fois, à ce seul mot, les Pyrénées se sont abaissées pour offrir aux rois d'Espagne et de France la fleur de leurs princesses et de leurs infantes!

Des siècles reculés où les héritières des rois Wisigoths venaient régner à Lutèce dans leurs chariots traînés par des bœufs, aux heures d'Hier où l'Espagne affolée appelait et renvoyait Amédée de Savoie, que d'événements grandioses et de cortèges prestigieux se sont déroulés dans cet imposant décor de montagnes (1)!

(1) Les deux sœurs Galswinde et Brunehaut; Clotilde, fille de Clovis; Ingonde, fille de Sigebert; Constance, Blanche et Isabelle, épouses de Louis VII, Louis VIII et Philippe III; Blanche de La Cerda, fille de saint Louis; Blanche de Bourbon, femme de Pierre le Cruel; Eléonore, comtesse de Foix et reine de Navarre; Jeanne et Blanche de Navarre, épouses des rois Philippe IV et Philippe VI; Marie-Louise d'Orléans, femme de Charles II, furent appelées tour à tour aux côtés des princes d'Espagne et de France.

A l'Ile des Faisans, traité entre Louis XI et Henri IV de Castille; conférence de 1659 où Mazarin obtenait la Cerdagne et le Roussillon et caressait le secret espoir de l'héritage futur de toute la monarchie espagnole en donnant à Louis XIV la main de l'infante Marie-Thérèse.

Charles II en mourant institue son neveu, le petit-fils de Louis XIV, pour lui succéder sur le trône d'Espagne. Le jeune roi Philippe V encore enfant, escorté de ses deux frères Bourgogne et Berry, arrivera le 13 janvier 1701 à cette frontière, accueilli par les danseurs basques accom-

Aussi les soirs de grandes fêtes, au crépuscule, quand les dernières lueurs de paille du ciel s'éteignent, et que les cloches sonnent à toute volée, si la brise chante dans la ramure des peupliers, on s'imagine entendre encore le frou-frou de ces robes éblouissantes immortalisées par Rubens, dans son *Echange des Princesses*, et voir parmi les ombres fantastiques que la lune projette sur le sol, les royales *promesas esposas*, les illustres fiancées de Valois, de Castille et de Navarre, s'avancer lentes, superbes, comme enchâssées dans leurs litières ou chaises à porteurs, et tendant vers les Pyrénées leurs bras chargés de bénédictions et d'admiration.

Et comme la vision de ces deux barques de pêcheurs qui s'accostent au milieu de la rivière fait aussi subitement revivre une scène mémorable de l'histoire !

Pour recouvrer sa liberté et quitter l'Alcazar de Madrid où il se consumait depuis Pavie, François Ier a dû livrer en otage, à Charles-Quint, le dauphin et le

pagnés de leurs tambourins, « chargés de sonnettes, faisant merveilles, dansant et sautant d'une manière extraordinaire ». On lui offrira une course de taureaux et on déposera à ses pieds des corbeilles de vin de cap Breton, des jambons de Lahontan et des barils de cuisses d'oie.

Cet été enfin, le jeudi 14 juillet 1904, Alphonse XIII accompagné de quelques officiers est allé visiter dans cette île internationale le monument commémoratif de la paix des Pyrénées, érigé en 1856 par la reine Isabelle et Napoléon III.

duc d'Orléans (Henri II) âgés respectivement de 8 ans et demi et de 7 ans.

Un bateau attend le roi au milieu de la Bidassoa, il y saute en larmes, y met ses deux fils à sa place et sur le bord français monte un cheval turc, plein de feu qui, d'un tourbillon, l'emporte à Bayonne où se trouvaient Louise de Savoie et la Cour.

Bientôt Charles-Quint, affamé, devient plus conciliant : il renonce à la Bourgogne fief de sa grand'mère et rend aussi les deux Fils de France, moyennant deux millions d'écus d'or qu'il devra entamer pour retirer des joyaux gagés au roi d'Angleterre et notamment une grande fleur de lys en diamants, inestimable reliquaire d'une parcelle du bois de la vraie croix.

Les jeunes dauphins vont donc être ramenés à François Ier, mais accompagnés cette fois par une bonne princesse qui désormais leur servira de mère. La sœur de l'empereur lui-même, la reine Eléonore, douairière de Portugal, quitte, en effet, Tolède pour épouser le roi de France, veuf de Claude (1).

(1) Avant la mort d'Isabelle II, on admirait au Palais de Castille, à Paris, un tableau de Gisbert représentant les *Fiançailles de François Ier et d'Eléonore d'Autriche*. La reine l'acheta dans des conditions toutes particulières.

Elle était déjà en exil, lorsqu'un de ses partisans, ruiné par la chute de la monarchie, eut besoin d'une somme de 800.000 francs, pour relever son crédit et maintenir son rang. La reine les lui avança. Quelques mois plus tard, il mourait sans avoir pu s'acquitter. Désolés, ses enfants

Déjà, la rançon s'étale dans le château de Bayonne, recouvrant les dallages de monceaux de sacs d'écus d'or, scintillants, éblouissants, rutilants : « Nobles à la rose de Henri, angelots, ducats, doubles ducats, écus vieux, royaux, écus à la couronne, alphonsines rix-dales, florins et philippines. »

Et du souci ombrageux de ne laisser prendre à la nation adverse aucun avantage de cérémonial dont la vanité pût se targuer comme d'une ombre de supériorité, était né un traité longuement libellé en 28 articles descendant aux plus petits détails de ce que nous dénommons protocole, et utilisé dans la suite pour tous les autres mariages espagnols.

On choisit donc pour le passage d'Eléonore, la ligne frontière de la Bidassoa, à égale distance entre Hendaye et Fontarabie, et tandis que les canons de cette dernière forteresse étaient enlevés, un galion espagnol croisait devant Saint-Jean-de-Luz, et un galion français sillonnait les eaux de Pasajes.

Les deux rives fourmillaient de soldats et de gros troupeaux y paissaient, gardés par leurs vivandiers. Les marchands de Bayonne avaient reçu l'ordre d'appro-

allèrent trouver la reine et mirent à sa disposition, pour la rembourser, la collection que possédait leur père : c'était même tout ce qu'il laissait.

La reine choisit le tableau que je viens de dire ; et ayant déchiré le reçu, elle déclara qu'elle se considérait comme payée.

visionner 4.000 hommes et 2.000 chevaux ; aussi les chariots chargés de vivres, de grains, de fourrages et d'outres rebondies de vins de Navarre affluaient depuis plusieurs jours. Chaque matin, de six ou sept lieues accouraient les paysans des villages voisins portant pains, fruits, poissons, légumes.

Le bord espagnol retentit du galop des coursiers expédiés directement des diverses étapes où s'arrête la princesse vers Bordeaux, résidence de François Ier (1). Des chevaux défilant par centaines, transportent à Bayonne les objets précieux, les joyaux, la garde-robe, les bagages d'Eléonore et de sa suite. Du côté français, 1.000 hommes d'armes gardent le trésor, les écus d'or, la fleur de lys de diamant, les contrats et liasses de papiers remises par le roi d'Angleterre.

Enfin apparaît la reine portée dans sa litière de « drap d'or fin frisé », ayant à ses côtés les enfants du roi de France, suivie de ses dames d'honneur « assises en selle à la mode de Portugal », sur des mules richement caparaçonnées de velours, et « au milieu d'une étincelante cohorte de seigneurs des principales familles en somptueux atours ».

Le dauphin et son frère sont vêtus de « robes d'or fin, doublées de satin cramoisi et de pourpoints

(1) Le mariage eut lieu à Rouen.

en soie violette et velours cramoisi avec houseaux de maroquin noir et bonnets de velours noir richement ferrés d'or émaillé où s'enroulait une plume d'autruche blanche ». Elle pâle, majestueuse, le visage « doux et benin en robe de velours noir doublée de satin cramoisi, manches montées en satin cramoisi avec ruban et bandes de fer d'or émaillé, chargées de perles fines, coiffée à la portugaise, pourpris garnis de pierres précieuses et perles, son estomac garni triplement d'autres perles plus grosses encore parmi des rubis et diamants, grands, beaux et de valeur qui reluisaient fort. Son dit estomac était tout découvert et blanc comme l'albâtre et davantage avec un maintien de princesse sentant sa Maison et le faisant très bien voir (1) ».

La torche à la main, 500 jeunes gens accouraient de Saint-Jean-de-Luz comme une vague de flammes ; le pays entier flamboyait de feux de joie ! On les alimentait avec le bois de bateaux en construction, tant l'allégresse était inénarrable !

Le fils même de Charles-Quint, Philippe II, demandera plus tard la main d'Elisabeth de France. Cathe-

(1) Sœur aînée de Charles-Quint, elle l'était aussi de Ferdinand, empereur d'Allemagne, et des reines de Danemark, Hongrie et Portugal. Veuve de François Ier, elle retournera en Espagne, partageant la réclusion volontaire de Charles-Quint après son abdication.

rine de Médicis et Charles IX conduisant leur fille et sœur vont traverser toute la France avec leurs Cours pour atteindre l'éternel rendez-vous de la Bidassoa. Dans ce voyage, ils verront les croix brisées, les reliques mutilées, dispersées, anéanties ; ils s'irriteront contre les huguenots et arrêteront en secret, chemin faisant, le projet de la Saint-Barthélemy.

Philippe III, roi d'Espagne, a consenti à l'union de sa fille Ana avec Louis XIII. Prenant congé de cette jeune infante à Burgos, l'ambassadeur de Marie de Médicis lui demande : « Madame, que dirai-je de votre part au roi mon maître ? — Dites, répondit-elle vivement, que j'ai une grande impatience de le voir. — Cette réponse n'est pas mesurée, reprit sa gouvernante. — Madame, ne m'avez-vous pas appris qu'on doit toujours dire la vérité ? » Deux ans plus tard, quand tout fut prêt et les ménagements de la politique satisfaits, il fallut partir. Philippe III conduisit Ana, l'enfant chérie qui faisait sa joie, jusqu'à Fontarabie où il devait se séparer d'elle et, en lui donnant son dernier baiser, ses larmes coulaient sur le front de la eune princesse. Le jour même où elle devait rejoindre Louis XIII, Madame Elisabeth, sœur de ce roi, était amenée à l'infant don Philippe, frère d'Ana. De magnifiques pavillons, dressés sur les bords de la rivière, reçurent les princesses et leurs suites ; quand elles s'y furent reposées, elles montèrent sur les barques et entrèrent sous la tente dressée dans un bateau au milieu de la Bidassoa ; les seigneurs français venant saluer la reine, et les grands d'Espagne allant s'agenouiller devant la nouvelle infante selon le cérémonial usité dans les deux Cours.

Les futures belles-sœurs s'avancèrent doucement l'une vers l'autre, s'embrassant et restant quelques minutes à parler ensemble. Puis cette entrevue faite, les saluts d'adieux accomplis, les barques espagnoles conduisirent vers le rivage de Fontarabie, Marie-Elisabeth de France, les barques françaises accompagnant Ana sur la plage de Saint-Jean-de-Luz.

La jeune reine entrait en France avec une longue suite de personnes dévouées, toute sa maison espagnole, son confesseur, son aumônier, son médecin, ses 12 pages et valets de pied, 14 femmes de chambre et les moindres officiers, échansons, cuisiniers, maîtres-d'hôtel, les gardes précédant, et les pages du duc de Guise portant des flambeaux, tout autour la cavalerie du roi protégeant le cortège, au son des hautbois, des trompettes et des violons. Ana, portée en sa litière jusqu'à Bayonne, ouvrit son trésor avant de passer la frontière et offrit au duc de Luynes des enseignes en diamant. Enfin à Bordeaux, on fit coucher dans le même lit Ana et Louis, âgés chacun de treize ans, sous la surveillance de leurs deux nourrices.

Quelques années encore et Anne d'Autriche, reine-mère, veuve et vieillie, suivie de toute la noblesse de France, s'acheminera encore vers Saint-Jean-de-Luz, par Lyon, Marseille, Béziers, Toulouse et Pau, pour les fêtes du mariage de sa nièce, l'infante Marie Thérèse, avec son fils Louis XIV.

Le cortège du roi d'Espagne s'étendait sur plusieurs lieues, il comprenait 4.000 mules, 70 carrosses, autant de fourgons, 12 malles de velours et argent, 20 de maroquin et or contenant la garde-robe, le linge, les parfums et l'argenterie de l'infante. La Grande Mademoiselle, cousine germaine du roi, qui assistait, incognito, aux fetes, nous initie, dans ses *Mémoires,* aux splendeurs de ces noces.

Louis XIV avait un habit gris brodé d'argent, « un gros diamant en table qui retroussait son chapeau et d'où pendait une perle, deux pièces de *la Couronne* d'une grande beauté, le *Miroir de Portugal* et *la Pelegrine*. L'infante le suivait seule, habillée de satin blanc avec des petits nœuds d'argent, fort parée à la mode espagnole avec profusion de pierreries et cheveux. »

« On croira aisément, ajoute-t-elle, qu'il n'y eut jamais ni si beau ni si magnifique présent, ni si galant que le coffre d'or offert par le roi à Marie-Thérèse, dans lequel on mit tout ce qu'on peut s'imaginer de bijoux, d'or, de diamants, montres, heures, gants, miroirs, boites à mouches et à pastilles, petits flacons, étuis, couteaux, sciseaux, cure-dents, petits tableaux de miniatures, des croix, des chapelets, des bagues, des bracelets, des crochets de toutes sortes : tout cela était de grand prix. L'on mit aussi dedans des perles, des pendants d'oreilles et des diamants en grand nombre, et dans une petite boîte, enfin, tout ce que l'on avait de plus beau à la réserve des diamants de *la Couronne* parce qu'ils ne sortent jamais du royaume et que les reines ne peuvent les avoir en propre... »

Les tapisseries dont la salle de la Conférence était tendue, représentaient la *Bataille de Scipion et d'Annibal*, les *Métamorphoses*, l'*Apocalypse*, l'*Amour et Psyché* : les bâtiments occupaient trois cents pieds de longueur. Les promenades en barques dorées, enguirlandées de fleurs et recouvertes de damas de soie bleue et argent, au son de la musique, les tournois et cavalcades durèrent deux mois à Saint-Jean-de-Luz !

II

Mais une infante fait toujours prime à la Cour de France ; aussi pour que nul autre trône n'ait le privilège de la posséder plus tard, c'est au sortir du berceau et accompagnée de sa « promeneuse » que celle-ci va se diriger de Madrid vers Paris.

Agée de 3 ans, Marie-Anne-Victoire, fille de Philippe V, roi d'Espagne, et arrière-petite-fille de Louis XIV, est mariée par procuration à un roi de 11 ans, son cousin Louis XV.

Tandis qu'au Louvre, pour la loger dignement, les appartements des reines-mères sont remis à neuf, Philippe V comble de sa munificence, avant leur départ, les envoyés de France : l'ambassadeur principal reçoit le propre portrait du roi, entouré de pierreries et valant 80.000 francs ; et même chaque femme de chambre de l'escorte est gratifiée de cadeaux valant au moins 3.000 francs.

Puis la mignonne fiancée quitte sa famille, son pays et arrive lentement à la frontière. Le 5 janvier 1722, échange à l'île des Faisans (1) de la princesse, qui, au milieu de fêtes splendides, traversera Bayonne, Dax, Mont-de-Marsan, Bordeaux, Poitiers, Chartres. Le 1er mars, réception à Berny, par l'abbé de Saint-Germain-des-Prés, dans le célèbre château de Mansart.

Le lendemain, dès le matin, Louis XV est allé attendre Marie-Anne à Bourg-la-Reine, dans la maison de Gabrielle d'Estrées : dès qu'il l'aperçoit, il l'accueille en ces termes : « Madame, je suis charmé que vous soyez arrivée ici en bonne santé, » puis il rougit ; quant à elle, « l'air fort haut et décidée, et infiniment jolie, » pour toute réponse elle s'agenouille aux pieds de son jeune seigneur et maître. Entre deux haies de soldats des régiments du roi, du guet à pied et des archers s'échelonnant de la porte Saint-Jacques au Petit-Châtelet, par le pont Notre-Dame, le cortège

(1) En même temps, mariage de Louise-Elisabeth et Philippe-Elisabeth, filles du Régent, qui épousèrent Louis et Carlos, frères de Marie-Anne, et veuves en trois ans d'union revinrent en France.

La seule des six filles de Louis XV qui se maria, Louise-Elisabeth, devint la femme d'un autre frère de Marie-Anne, le prince de Parme et Plaisance, ancêtre du duc de Parme actuel et des princes de Bulgarie.

Enfin Marie-Thérèse-Raphaèle, sœur puînée de la même petite infante, mourut à Versailles, un an après son mariage avec le dauphin, fils de Louis XV.

pénètre dans Paris : « Le roi ayant dans son carrosse le Régent, le duc de Chartres, Monsieur le Duc, Monsieur le prince de Conti, Monsieur le comte de Charolais ; le maréchal de Villars et l'ambassadeur du czar, à cheval, fermaient la marche du roi. Celle de la reine commençait par les inspecteurs de police, le guet à cheval, la Maison du roi, des grenadiers, mousquetaires, chevau-légers, gendarmes, 4 compagnies de gardes du corps, l'équipage splendide de M. le duc d'Ossuna, ambassadeur de Sa Majesté Catholique, 8 pages à cheval, 24 valets de pied, 4 carrosses magnifiques garnis de domestiques ; puis l'équipage du gouverneur de Paris, 12 palefreniers tenant en main un cheval recouvert de velours cramoisi, brodé d'or et armorié, 6 pages à pied précédant 6 gentilshommes à cheval, 60 gardes d'honneur en livrée rouge et argent, 3 carrosses à 8 et 6 chevaux. Venaient ensuite la Ville à cheval immédiatement avant les premiers carrosses de l'Infante, 12 laquais de M. de Châteauneuf, prévôt des marchands, 24 laquais du gouverneur de Paris, enfin le carrosse du roi réservé à la petite reine. »

Sur les genoux de sa gouvernante, Mme de Ventadour, berçant une poupée dans ses petits bras et entourée de Madame et des princesses du sang, elle souriait aux acclamations des Parisiens. Le gouverneur de Paris chevauchait à la portière de droite, tandis que le prévôt des marchands se tenait à celle de gauche. Partout, les écussons de France et d'Espagne en mosaïque de fleurs s'abritant sous des drapeaux de soie blanche; de tous côtés, des oriflammes, des guirlandes et des verdures ; au loin, un bourdonnement énorme fait de l'affluence des troupes et des curieux. A la lueur des torches et des feux de joie, au son des cloches et des vivats, passant sous des arcs de triomphe en toile peinte et dorée, à travers des rues remplies d'auvents et d'échafauds pavoisés, les petits souverains arrivèrent, à la nuit seulement, aux Tuileries, séjour du roi, et au Louvre, résidence de sa compagne.

Ces réjouissances, où parle le cœur d'un peuple, évoquent dans nos esprits des féeries récentes et nous serions presque enclins à penser que les entrées triomphales des souverains russes, anglais et italiens, et, espérons-la, celle d'Alphonse XIII, à Paris, seraient éclipsées en magnificence par ces solennités de nos ancêtres du XVIIIe siècle. Il n'en est rien, car les grandioses artères de Sébastopol et de Rivoli ont remplacé d'immondes passages, véritables cloaques et coupe-gorges, la cour des Miracles que le cortège traversa cependant le 2 mars 1722, et dont le nom seul jette aujourd'hui dans un indicible dégoût : les rues de la Lanterne, du Pont-Notre-Dame, de la Planche-Mibray, des Arcs, des Lombards, de la Chausseterie-Saint-Honoré, du Chantre,... jusqu'au vieux Louvre ! Aussi la première impression produite par la Cité de Paris sur la petite fille fut-elle défavorable et ne s'effaça jamais complètement.

Au roi, son fiancé, qui vint le lendemain lui rendre sa première visite et lui offrir une poupée de 20.000 francs, et les jours suivants aux princesses, aux ministres, aux membres des Cours, Parlements, Académies qui, défilèrent successivement déposant leurs hommages aux pieds de son petit trône, pourtant gracieuse et « voulant embrasser tout le monde », elle ne cessait de répéter que « Paris n'était rien auprès de ce qu'on voyait à Madrid ». Le panorama de la Seine « *moins grosse et moins belle que le Manzanarez* (1) », comme

(1) On connait la plaisanterie classique qui consiste à railler le *Manzanarès* parce qu'il manque d'eau. Un auteur célèbre s'étant avisé autrefois de parler de l'arroser, il n'en a pas fallu davantage pour que des générations se plaisent à répéter de confiance qu'il est à sec.

Or, il l'est si peu, sans rouler des torrents, qu'un grand nombre de pauvres femmes sont les lavandières du *Manzanarès* et vivent de ce métier ingrat et pénible de blanchisseuses ; par endroits il se compose de petits ilots formés par des ruisselets d'eau claire, et l'on étend le linge sur la pelouse même qu'environnent ces petits cours d'eau.

Le Paseo de la Florida est une jolie promenade plantée d'arbres, le long du fleuve. On y remarque, écrit M. M. Hutin, dans la *Revue du Bien*, une vaste construction d'un aspect élégant, destinée à recevoir les enfants que les laveuses ne peuvent garder chez elles et dont elles ne sauraient s'occuper.

L'Asile des Enfants des Lavandières surveillé par des religieuses de Saint-Vincent de Paul, est soutenu par Sa Majesté la reine mère Marie Christine, dont les bienfaits ne se comptent plus. Par des dons généreux et par de

elle le déclarait sérieusement un jour au maréchal de Villeroy, la laissait indifférente !

Pour la première et la dernière fois, ses traits se déridèrent lors des grands bals donnés en son honneur par le roi et le Régent et de la fête nautique avec illuminations et feu d'artifice sur la Seine sous les fenêtres mêmes du palais de l'Infante. Le duc d'Ossuna qui l'offrait y dépensa un demi-million !

« Le soir du 6 mars, dit le jeune menin, à qui l'on doit le journal de l'enfance de Louis XV, j'allai porter un lapin à l'infante-reine qui me fit voir un petit dauphin en cire, cadeau du roi ; » et cependant l'enfant s'ennuyait fort, tout lui semblait maussade malgré ces hochets.

Tout devait, du reste, se passer en hochets ! Louis XV atteignait, en effet, quatorze ans et les princesses héritières d'Europe, convoitant toutes le trône de France, n'attendaient qu'un signe du Régent.

fréquentes visites, elle pourvoit aux besoins des enfants et récompense le zèle des religieuses.

Le *Lion du Roi,* merveilleux joujou donné autrefois par Alfonso XIII aux petits déshérités de l'asile, est pour eux la plus belle des récompenses. Le jeune roi, qui accompagnait toujours sa mère pendant ses charitables visites à l'asile, a voulu, en effet, au sortir de l'enfance, que tous ses jouets fussent donnés à ses petits sujets ; mais pour le lion, auquel il tenait beaucoup, il a préféré en faire hommage à la supérieure qui en dispose à son gré en le prêtant aux plus sages.

Mais, la politique règne seule impérieusement sur le cœur des souverains, et la princesse la moins riche, la plus âgée, la moins séduisante, fut l'élue du jeune roi de France. Marie Leczinska apportait en dot « un précieux morceau de France » qu'il ne fallait laisser échapper à aucun prix : la Lorraine et le Bar valaient bien, en effet, un sacrifice. Trois ans, presque jour pour jour, après son arrivée, l'infante fut renvoyée en Espagne (1).

Le jeudi 5 avril 1725, elle quitte Versailles, emportant ses bijoux et ses jouets, accompagnée de la maréchale duchesse de Tallard, maîtresse du voyage, du duc de Duras, lieutenant général du roi, dans les provinces de Guyenne, Quercy, Rouergue, et chargé de remettre, à la frontière, l'infante au marquis de Santa-Cruz, représentant du roi Catholique, suivie de l'ambassade d'Espagne et précédée du grand maître des cérémonies de France.

Mêmes réceptions et mêmes hommages pour le retour dans les mêmes cités. Le 13 mai 1725, entrée à Bayonne, et repos de trois jours à l'archevêché où elle rencontre sa tante, la reine douairière exilée, Anne de Neubourg, veuve de Charles II. Le jour du départ, à peine réveillée, la petite princesse manifeste la plus

(1) Quatre ans plus tard, à l'âge de 11 ans environ, elle épousa Joseph Ier, roi de Portugal. Par cette union elle est l'aïeule des souverains actuels de la Maison de Bragance.

vive impatience de revoir son père, mais pensant revenir la semaine suivante à Paris, au moment de se séparer de la duchesse de Tallard, elle « la prie de l'attendre à Saint-Jean-Pied-de-Port (1) ! » Puis après quarante jours de voyage, dont dix de repos, elle s'achemine vers Madrid.

Et bizarrerie de la diplomatie, tandis que le renvoi d'une infante faillit rejeter la France et l'Espagne dans une nouvelle guerre, la main d'une infante accordée, un siècle plus tard, à un fils de Louis-Philippe, allait être, sans l'amicale et secrète intervention de la reine Louise des Belges, la cause d'un conflit armé entre la France et l'Angleterre !

Dès lors, *les mariages espagnols,* fréquents cependant, perdront le caractère politique pour devenir plus familiaux. Les reines Christine et Isabelle sont déjà venues abriter leur exil à Paris, elles y ont acquis droit de cité ; aussi le comte de Paris, Mercedès et Antonio de Montpensier pourront épouser l'infante Isabelle, Alphonse XII et Eulalie de Bourbon : les chancelleries n'en prendront presque plus ombrage.

Pour conquérir le cœur de Napoléon III la radieuse Eugénie de Montijo a franchi aussi les Pyrénées, cette voie d'hyménée, de deuil et d'exil !...

(1) Afin d'éviter à l'enfant le souvenir des fêtes de l'île des Faisans, on avait décidé de sortir cette fois de France, par Saint-Jean-Pied-de-Port.

Mais sortons du rêve ! Sous les diadèmes, les gemmes et les traînes de brocart qui les paraient, les infantes d'Espagne dorment à l'Escurial ; et plus heureuses que leurs sœurs de Saint-Denis, elles n'ont pas été troublées dans leur dernier sommeil !

L'Ile des Faisans elle-même, où poussent à peine une trentaine d'arbres, n'est plus qu'un pauvre banc de sable émergé d'un petit bras de mer aux eaux clapotantes ; mais tout près, tentante et moelleuse, s'incurve la *concha* dorée de San Sébastian.

III

Pendant la saison des bains, quittez le Sud-Express et descendez à San Sébastian. Le soir, au seuil de votre logis, un homme aux vêtements couleur de muraille, une lanterne sourde à la ceinture et une pique en main, vous ouvrira la porte et s'assurera que toutes celles du voisinage sont fermées. Le même irait en cas de besoin chercher prêtre, médecin, sage-femme. Une fois couché, dans le silence des rues, vous entendrez dès minuit résonner les incantations plaintives à la Vierge de ce dernier représentant des nuits espagnoles : il vous indique ainsi le temps, les heures, les événements. De suite on est transporté à des myriades de kilomètres de la frontière et en plein moyen âge (1) et dès le lendemain matin, si c'est un dimanche, San Sébastian réserve d'autres surprises : *le tamborilero* en habit bleu, bicorne et bas rouges, avec flûte et

(1) A Amsterdam, le *sereno* s'accompagne d'une crécelle.

tambour, entouré d'une foule bruyante et compacte, parcourt la ville, annonçant le programme des réjouissances de la journée.

Si on n'assiste pas aux courses de taureaux, on aura probablement la chance d'apercevoir la Reine Mère, passant vite, très vite, en une calèche découverte que des mules, dans le tin-tin des grelots, entraînent ventre-à-terre vers un sanctuaire de la ville ou à Fontarabie (1).

Ce fut une très habile coquetterie de la part de la veuve d'Alphonse XII d'être venue s'établir dans le pays des carlistes et des *fueros*. Dix palais pour un pouvaient lui servir de résidence d'été : l'Escurial (2) *aux onze mille fenêtres* ouvertes sur les sierras, palais de granit, aux minarets sans nombre, aux longues ailes étendues et à la coupole dominante ; la Granja dont les jardins abondent en belles eaux, petit

(1) Le 25 août 1895, au matin, je me trouvai sur son passage près de la rampe de Miramar. Marie-Christine, vêtue d'une robe de toile grise, et coiffée d'un chapeau de jardin, mais incontestablement majestueuse dans cette extrême simplicité, son fils à ses côtés, les infantes Mercédès et Marie-Thérèse en face d'elle, descendait vers la cabine royale de la Concha. Il faisait un temps radieux, et c'était l'heure du bain de l'enfant-roi. Alphonse XIII, souriant et très doux, fit même remarquer à sa mère que je m'étais incliné sur le passage de la famille royale.

(2) Bâti par l'architecte français Louis de Foix, qui régularisa le lit de l'Adour et éleva le fameux phare de Cordouan.

Marly caché dans les solitudes grandioses de la sierra Guadarrama, à quatre mille pieds au-dessus du niveau de la mer, dans une fraîcheur éternelle ; Aranjuez, avec son avenue d'ormes noirs et ses frondaisons odorantes où l'on n'entend que la musique des cascades et des fontaines mêlée au chant des rossignols nichés dans des haies de roses ; le Pardo, enfin, séjour préféré d'Alphonse XII, avec un parc de quatre-vingts kilomètres de circonférence ; elle bâtit pourtant Miramar (1) dans cette Bretagne espagnole, parmi la population basque si fière de cette insigne confiance et si chevaleresque avant tout...

Mais la nuit tombe, les restaurants se vident, les consommateurs assiègent les terrasses des *cervezarias* et *orchatarias* pour déguster, avec assaisonnement de chansons amusantes, leurs boissons favorites des saisons estivales : chocolat glacé à la cannelle, sorbets à la crème d'abricots, granits de fraise, verres de verjus à la neige avec *azucarillos* (2). On entend déjà le bruit des fusées : des rumeurs vibrantes et de vagues accords de fanfares montent du fond des vieux quartiers : ouvriers, domestiques, militaires, *aguadores* portant entre leurs bras musculeux de petits tonneaux

(1) A la place du couvent où M. de Heredia crée la fameuse aventure de la nonne Alferez, Catalina de Erauso.

(2) Gâteau de sucre, parfumé au citron ou à l'anis et qui se dissout immédiatement dans l'eau.

ruisselants. Puis les héros de la journée, toréadors et joueurs de paume et de pelote en veste courte, bas blancs et bérets rouges, ecclésiastiques, la pipe à la bouche, « hussards de la Princesse » sanglés dans leurs uniformes rose, blanc et or, toute la foule se dirige pêle-mêle vers *l'Alameda* où il y a bal. A San-Sébastian, la danse est déjà un art et les curieux regardent avec des yeux de juges. L'heure passe, les fusées et les bombes éclatent sans interruption ; une clameur s'élève au milieu d'applaudissements frénétiques, puis sauve-qui-peut et débandade générale.

Une bête énorme apparaît de loin se démenant à travers les groupes et vomissant par la gueule, les yeux et les narines des flots d'étincelles qui l'enveloppent d'auréoles multicolores. Manœuvré par trois hommes cachés sous sa carapace, le *Czen-Zusko* (ou taureau de première classe), cuirassé de feux d'artifices, bondit à travers le peuple qu'il incendie de ses feux rouges jusqu'au moment où une bombe éclate entre ses deux cornes illuminant le ciel des couleurs espagnoles. Ne se croirait-on pas à Tarascon, l'une de ces années où la fête de Sainte Marthe est célébrée avec une solennité particulière, quand la Tarasque, monstre hideux et terrifiant que la sainte dompta du geste et de la parole, est promenée en effigie, sifflante, bruissante, crépitante de fusées, à travers la cité provençale en délire ?

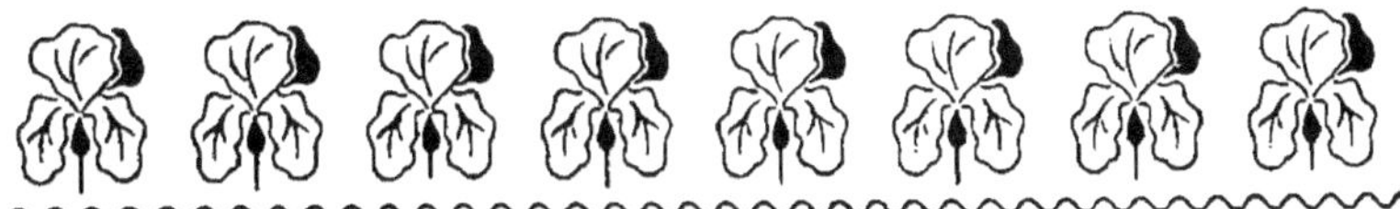

IV

Ils sont bien peu nombreux les touristes qui, sortant de France et laissant derrière eux San Sébastian, au lieu de se précipiter immédiatement au cœur des Castilles, ont l'artistique tentation de côtoyer le golfe de Biscaye et de traverser ensuite les provinces basques. Ces heureuses contrées au sol si fertile, au climat si doux, n'ont point besoin d'ajouter, à la séduction qui leur est propre, la promesse de mirifiques casinos ; elles n'ont pas de petits chevaux, mais des libellules ; pas de tziganes, mais des fauvettes dans leurs roseaux et des grillons sur leurs rives. Et, ainsi, les aime-t-on pour elles-mêmes.

Ici, la végétation épargnée par la poussière et la suie des automobiles n'est point calcinée; les nuages de pétrole « n'empoisonnent point encore les roses », et on ne sait si on doit, davantage, contempler ces paysages charmants de calme et de fraîcheur, dans la paix aimable du matin, à travers la gaze des brumes lumineuses que le soleil éparpille et déchire, ou bien en plein midi dans cet étincellement radieux qui étend sur toutes choses une poussière dorée, et encore dans le silence d'une nuit d'été, si le fin croissant de la lune brille au-dessus de la moire des grands étangs, empourprant le cristal miroitant de petites sources pensives.

En ondulations harmonieuses les dernières dentelures bronzées et mordorées des Pyrénées meurent dans la nappe de soie bleue de l'océan ; puis bientôt à perte de vue, pendant près de quarante lieues, sur des collines crénelées de ruines géantes où niche l'aigle, et des escarpements jaspés de marbre, s'appuient des villages lézardés, tremblants, tout prêts à tomber pièce à pièce dans l'abîme. Et lentement, le chemin de fer s'enfonce, tantôt dans des labyrinthes de vignobles, de vallons fleuris, de champs de maïs, orgueilleux de leur panache blanc, sous des bois d'oliviers sauvages au feuillage pailleté d'argent, tantôt sous des taillis d'eucalyptus sentant l'aromate, sombres comme des cyprès et agités par la brise de mer. Çà et là, des torrents capricieux, des cascatelles folâtres, sinuant, fluant sous des bouquets de lauriers roses, bondissent en écume perlée à travers de riantes prairies ; des rivières qui ont en horreur la réclame de la géographie et désirent garder l'incognito, coulant paisiblement à l'ombre des saules et des hauts peupliers et chantant gaiement sur les cailloux, servent de prétexte à de vieux ponts romains, tout revêtus de mousses, et superbes d'audace. Entre des contreforts de rochers roses, à tout moment la mer apparaît et ses vagues couronnées de neige poursuivent et invitent à venir jouer avec elles.

Mais vaguement le gai tambourin retentit et plus près les carillons de sonnailles vieillottes annoncent d'antiques chariots datant des Ibères, traînés par des bœufs, dont le bruit strident des roues pleines mettait, dit Cervantes, « les ours et les loups en fuite ». Ils défilent lentement vers un port voisin pour y décharger d'innombrables sacs de châtaignes à destination de l'Angleterre, de l'Allemagne et de la Hollande.

Les paysans que l'on croise, en culotte courte de toile, chemise jaune, gilet à larges manches ouvertes et blouse saumon à rayures noires, mouchoir de soie négligemment noué autour du cou, sont d'une propreté recherchée ; vifs, lestes, fringants et piaffant plutôt qu'ils ne marchent, chaussés des *avarcacs* en peau de mouton, retenus par des cordes autour du mollet, ils n'ont pas l'allure grossière de ceux des autres pays.

Ils cultivent cependant les pentes les plus rapides des montagnes et jusqu'au sommet : mais la danse et les jeux (1) entretiennent leur santé et l'agilité de leurs mouvements.

Les femmes, assez amoureuses de leur beauté pour lutter contre l'odieuse invasion dans les campagnes de la mode de Paris, ne sont pas affublées de ces chapeaux triomphants enrubannés qui tiennent à la fois du verger, du potager et de la boutique d'empailleur, empanachés comme des corbillards de première classe. Actuellement, vêtues de la *bayeta*, jupon rayé et corset de couleur, elles ont les cheveux tressés en deux nattes tombant dans le dos ; les jeunes filles sont tête nue, les femmes mariées portent un mouchoir de batiste ou de mousseline dont les pointes glissent sur le cou ; quelques vieilles femmes ornent leur robe usée d'un cordon de tiers ordre, et les mendiants baisent en faisant le signe de la croix l'obole qui leur est offerte.

Tous descendent des anciens Cantabres devant lesquels les aigles de César, lui-même, reculèrent si souvent. Les femmes (2) partageant leurs plus durs travaux les

(1) La *chichoula* : chaque cavalier habillé en militaire, mène sa danseuse par le bout d'un mouchoir ; le *saut basque* et la *danse de l'épée* qui date de Charles-Quint ; la *danse du cheval et de l'ours,* la danse *aurescu* ou *zortzico ;* la *Palenka :* on jette le plus loin possible une grosse barre de fer ; l'escrime au bâton ferré ou *mokika*. Sonate des alcades, théâtres, tragédies pastorales, carnavals dansés et chantés en plein air, etc.

(2) A Jacca (Navarre), le premier vendredi de mai, les jeunes filles se livrent encore à un combat simulé rappelant les antiques prouesses de leurs aïeules.

suivaient aux combats et préféraient parfois plonger le glaive dans le sein de leur enfant que de le laisser vivre sous le joug étranger. Plus tard, des ports de la Biscaye partirent aussi ces hardis marins, qui avant Christophe Colomb découvrirent Terre-Neuve et le nord de l'Amérique ou pêchaient la baleine jusque dans les fjords les plus éloignés.

L'origine des 600.000 habitants de Navarre, Alava, Biscaye, Guipuzcoa, Soule, Béarn et Labourd, restera toujours un mystère au point de vue ethnographique : on comprend aisément que des migrations soient venues dans la suite des âges se briser soit contre l'océan dans la Bretagne, soit contre les sierras de la péninsule Espagnole, qui sont les deux extrémités occidentales de l'ancien monde (1). Ainsi, quelques savants voient des analogies frappantes entre le bonnet cauchois figurant un sabot à l'extrémité duquel s'attachent des barbes tuyautées et la coiffe des Scandinaves islandaises de Reykjavik. Les femmes de Pont-l'Abbé, dans le Finistère, portent l'étrange *bigoudenn,* sorte de tiare basse, présentant par-devant un triangle à broderies de fil. Ces broderies seraient inspirées par un symbolique dessin du culte de la Lune, Astarté ; elles auraient donc une origine phéni-

(1) En Espagne, il y a la ville de Finistère et le cap du même nom, près La Corogne. On retrouve aussi un pays de Léon en Bretagne.

cienne. Quelques-uns de ces navigateurs tyriens qui, franchissant les colonnes d'Hercule, avaient su fonder une cité florissante à Gadès (Cadix), ne furent-ils point jadis portés par les vents et par les courants jusqu'aux rivages de Penmarc'h ? Le type même des femmes de là-bas, avec leurs yeux obliques, leurs pommettes saillantes, s'éloigne de celui des cantons limitrophes. Et on peut leur prêter un atavisme asiatique.

Les Bretons de Plouneour-Trez (Finistère) ont le type indien nettement accusé et pur, et au marché de Plougastel-Daoulas (rade de Brest) les vendeurs de fraises sont, comme les cochers grecs du Pirée et d'Athènes, coiffés du même bonnet phrygien.

D'où viennent les « Plougastels » ? Quels furent leurs aïeux ? Des Asiatiques peut-être. On l'imaginerait à considérer leurs faces rondes, leurs fronts bas, leurs yeux bridés, leurs nez écrasés, leurs lèvres plates, et, aussi certains détails des costumes féminins, qui se rapprochent des parures thibétaines. La légende la plus accréditée représente de lointains matelots d'Ibérie, s'échouant sur les rivages de la presqu'île de Plougastel, défrichant le sol, le cultivant, et perpétuant, par des mariages ne dépassant point la colonie, la race initiale des immigrants Asiatiques ou Espagnols. Ces mariages, même, ont tous lieu à la même date, une fois l'an, le premier mardi après le dimanche des rois.

En Auvergne, sur le territoire de la commune de

Ferrières, arrondissement de Lapalisse, pays au rude climat, au sol tourmenté et pauvre, contraste frappant avec la Limagne qui étale mollement à ses pieds la fertilité de sa plaine, dans les bois étagés aux flancs du Montoncel, deux villages, aux misérables cabanes de planches mal jointes, donnent asile à deux extraordinaires tribus, les Charghrods et les Pions dont la barbarie millénaire, figée à travers les siècles, mérite d'attirer l'attention. C'est vraiment un fait peu banal, que celui de l'existence en plein cœur de la France de deux agglomérations humaines, vivant presque à l'état sauvage.

Quand on les interroge sur l'origine de leurs noms, les Charghrods et les Pions se dressent fièrement et, montrant du doigt l'Orient, ils disent que leurs ancêtres, venus ici depuis plus de vingt siècles, avaient comme patrie une lointaine contrée où se lève le soleil !

Physiquement, les Charghrods et les Pions ne ressemblent à aucun des paysans des villages voisins, avec leurs longs cheveux roux, leur costume bizarre composé d'une grande blouse, d'un large pantalon blanc et d'un immense chapeau de feutre relevé sur le devant ; chaussés de sabots, l'hiver, ils vont nu-pieds l'été ; un gilet rouge, orné de quatre gros boutons de cuivre, rehausse, le dimanche, ce sommaire accoutrement. Leurs femmes sont vêtues d'un simple corsage et d'une courte jupe bleue, et leurs cheveux broussailleux sont rarement abrités par une coiffure. Leur langage est un mélange de celte et de sanscrit, et, comme leur idiome, restés primitifs, les Charghrods et les Pions n'ont pas été effleurés par la civilisation, leur indépendance est presque restée celle des peuples des grandes migrations : ils ignorent complètement si nous sommes en République ou si quelque Brenn ne nous gouverne pas encore.

Comme bizarreries s'expliquant ethnographiquement de la même façon et visibles encore de nos jours en Europe, citons Alghero, ville aragonaise de Sardaigne, Cargèse, colonie grecque de Corse, et Ibiza, ville absolument arabe des Baléares.

Mais quant aux Basques, ils n'ont, eux, par leurs coutumes et ce langage auquel ils tiennent tant, qu' « *un prêtre,* remarque Baedeker, *serait chassé à coups de pierres s'il prêchait autrement qu'en basque* », aucun rapport, même le plus lointain, avec d'autres habitants de l'Univers. Cependant beaucoup de locutions que l'on retrouve encore aux Antilles semblent en faire des contemporains des âges préhistoriques. Les Basques ne seraient-ils pas, au même titre que certains créoles Caraïbes, une épave de ce continent connu de tous les géographes anciens, que recherchait probablement Christophe Colomb, effondré et englouti il y a 12.000 ans au milieu de l'Atlantique dans de formidables cataclysmes ? Aristote, Denys d'Halicarnasse, Elien, Diodore de Sicile, Eschyle, Euripide, Hésiode, Homère, Platon, Pline, Posidonius, Strabon, Tertullien, Théophraste, Buffon et Tournefort ont décrit l'Atlantide.

Buache a formellement déclaré le reconnaître en suivant la chaîne de bas-fonds et volcans sous-marins s'étendant du Cap au Brésil ; et les anciens n'ont jamais douté que l'emplacement actuel occupé par la mer des Sargasses ne fût l'antique monde des Atlantes. D'après Hérodote et Solon, ces prairies boueuses et flottantes, plus étendues alors que l'Asie et l'Afrique réunies et qui dépassent encore aujourd'hui de quatre fois la superficie de la France, flottaient jusqu'aux Colonnes d'Hercule. Enfin les Guanchos, peuplade disparue des Canaries et qui vivait lors de l'arrivée des Espagnols dans les îles Fortunées, avaient des usages, légendes et affinités de langue avec les idiomes des Caraïbes.

Quoi qu'il en soit, de nos jours, les Basques, agiles, robustes, laborieux, sont toujours une race d'un patriotisme incomparable et si fière que le moindre paysan se vante d'avoir d'authentiques quartiers de noblesse. Sur ces âmes abruptes, la foi catholique est restée vive et profonde : le peuple de ces hautes régions a des mœurs sévères, des habitudes patriarcales : son unique ambition est de mourir sur le sol qui l'a vu naître ; partout dans ces coins perdus règne une sérénité qui charme l'âme.

Une commune apparait ; éternelles arènes rouge sang et jaune citron, vieille église isolée au clocher lourd comme une forteresse, maisons éparses disséminées, d'une blancheur éblouissante, aux portes finement sculptées, aux balcons très saillants couverts de fleurs et abrités par des étoffes voyantes. C'est Guernica, la cité sainte des Provinces Basques !

Devant la « fonda », une table est dressée en plein air, des faucheurs mangent des sardines et des jeunes filles couronnées de cruches d'argile peinte en forme d'oiseaux, marchant lentement avec la grâce souple des canéphores, leur apportent la boisson renommée du pays, le cidre. La santé royale a été souvent bue avec les crus de Touraine, d'Anjou, le sec Saumurois, le Champigny à la saveur de fruit, le Bourgueil, vin du roi Louis XI, le Vouvray mousseux, le Chusclan magnifique et papal, mais rien n'égale ce breuvage de la Biscaye.

Entrons à l'auberge où l'hôtesse nous accueille : « *vaya usted con Dios !* » Dans l'escalier aux rampes de fer forgé, d'une serrurerie antique et ouvrée avec un art dénotant une opulence évanouie, des écriteaux interdisent jurons et blasphèmes : des toiles cirées représentant des exploits de toréadors tapissent les murailles ; les plafonds sont revêtus de briques. Partout des crucifix, des saints, des images pieuses. A la cuisine, sur les étagères ornées de volants de papier rose de fabrication locale, les ustensiles en cuivre, de formes bizarres, reposent brillants et bien alignés.

Mais où est le chêne séculaire et vénéré de Guernica? Mort de vétusté, on en conserve précieusement le bois depuis 1897 dans une immense cage de verre, et sur la place dallée de marbre où s'élèvent le palais foral, oratoire gouvernemental, et l'édicule dorique qui abrite les sept sièges des défenseurs des libertés antiques, on en a planté un jeune.

Complétons ce pèlerinage par la visite d'autres lieux sacrés : Bermeo, petit port où les députés de Biscaye prêtaient serment après l'assemblée générale du *chêne de Guernica* (1), et le manoir d'Arteaga, propriété de l'impératrice Eugénie, à Mundaca.

Le 17 juillet 1856, dans l'assemblée générale tenue sous « l'arbre des fueros », les représentants de la province votèrent qu'il y avait lieu de déclarer Vizcayen d'origine le Prince Impérial (2) comme descendant

(1) *Guernikako arbola*, le chant de l'arbre de Guernica, l'hymne antique et national des provinces basques, résulte d'une improvisation patriotique d'Iparraguire, comme la *Marseillaise* de Rouget de l'Isle.

(2) Quand George Sand hiverna à Majorque, on lui fit voir au couvent de Saint-Dominique les sépultures armoriées de la famille Bonaparte. En 1411, Hugo *Bonapart*, natif de Mallorca, passa dans l'île de Corse en qualité de régent pour

directement par sa mère des deux maisons d'Arteaga et de Montalban.

L'impératrice flattée fit alors reconstruire le château. Terminé par une plate-forme flanquée d'une lanterne, le haut donjon carré s'élance d'un effort robuste sur la nappe verte des bois qui froncent de vagues gigantesques toute l'étendue de la vallée. Une enceinte rectangulaire hérissée de tourelles et de créneaux entoure cette jolie forteresse du XIIIe siècle rajeunie de toutes les recherches de la Renaissance. Trois rangs de fenêtres ornées de jaspe rouge tranchant sur le marbre gris du reste s'ouvrent sur la campagne.

Remarquable encore l'escalier monumental, le parquet en marqueterie et les plafonds à lambris sculptés. Une vieille dame française habite ce château qui n'est plus peuplé que par les ombres du mystère.

Comme un glas, l'horloge proclame les heures qui pleurent longuement dans l'écho des montagnes ; les

le roi Martin d'Aragon. *Bonapart* est le nom roman, *Bonaparte* l'italien ancien et *Buonaparte* l'italien moderne. Plusieurs de ces armoiries renfermaient aigle et étoiles. Napoléon qui aimait la poésie des étoiles avec une sorte de superstition et attribuait ces astres aux écussons de ses maréchaux, lui qui donnait l'aigle pour blason à la France, eut-il connaissance de sa filiation de Majorque ; et n'ayant pu ou plutôt n'ayant pas voulu être fils de saint Louis, si l'on croit quelques chercheurs qui font des Bonaparte les descendants du connétable de Bourbon, et remonter jusqu'à la source première des Bonaparte de Provence, gardait-il le silence sur ses aïeux espagnols ?

bassins du parc ont le tain fêlé, l'eau y stagne funèbre : les avenues couvertes, les hautes haies si trouées et si défoncées que les branches n'arrivent plus à se joindre, donnent une impression de ruines de feuillage et de délabrement tout à fait navrant. Le Passé s'en est allé d'Arteaga : les maîtres sont partis qui ne reviendront plus !

Vingt villes féodales, encore, s'échelonnent enfouies dans la verdure, séduisantes et attrayantes : Loyola, si pittoresque le jour de l'élection du Père général, alors que, du fond de la Russie même, accourent les électeurs Jésuites.

Au flanc même des montagnes, dans un paysage tourmenté, tout jonché de dolmens mystérieux, cimetière de géants rappelant celui de Karnac, une ville admirable s'enferme dans la ceinture intacte de ses vieux remparts fauves, flanqués de hautes tours rondes, couronnés de créneaux à redans, dure collerette de pierre : c'est Avila, la cité mystique de sainte Thérèse, ville toute de granit, et qui garde la rudesse religieuse et guerrière. Avila, dont on n'a pas changé une pierre depuis le XIe siècle, ses monastères, sa cathédrale, sa forteresse, tout est tel que dans le lointain passé. Les rues sont encore les mêmes qu'au moyen âge, et les filles de sainte Thérèse prient comme aux jours de la Grande Espagnole dans le grand monastère tel qu'elle le laissa. Vergara, Tolosa, Tudéla, Bilbao « *invicta* », Astorga,

Hernani, enfin, où repose Jean de Urbieta qui prit François Ier à Pavie, toutes grandioses et vénérables. Mais Villafranca postée en vedette sur une hauteur nous parle davantage : son nom rappelle encore une des premières haltes (1) des pèlerins français se rendant à Compostelle, au tombeau du premier apôtre et patron de l'Espagne.

(1) Elle a vu naître ce moine trop oublié, *Urdaneta*, marin vêtu de froc qui donna les Philippines à l'Espagne.

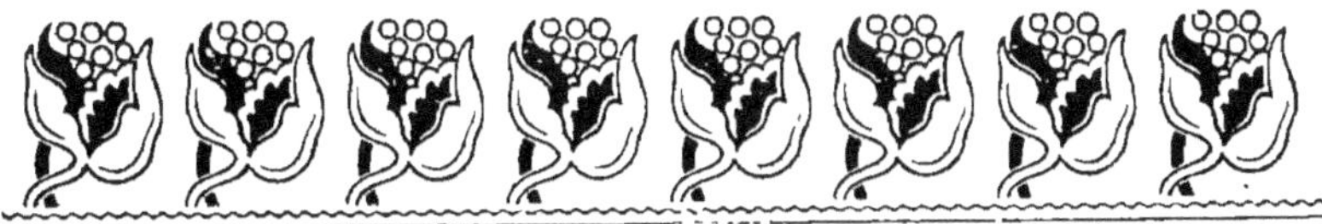

V

Par une coïncidence étrange, la France abrite les cendres de presque tous les amis et proches de Jésus, principaux acteurs et témoins du grand drame de la Passion.

Saints.	**Reliques.**
Les Saintes Maries.	
MARIE JACOBÉ, sœur de la sainte Vierge, épouse de Cléophas, agriculteur, frère puîné de saint Joseph, mère des saints Jacques le Mineur, Joseph, Juste et Simon.	*Aux Saintes-Maries-de-la-Mer* (Camargue).
MARIE SALOMÉ, nièce de la Vierge, épouse de Zébédé, pêcheur, mère des saints Jacques le Majeur et Jean de l'Apocalypse.	id.
Sainte SARAH, leur servante, négresse, patronne des bohémiens et tziganes du monde entier.	id.
Saint LAZARE, le ressuscité.	Cathédrale d'*Autun*.
Sainte MARTHE, sa sœur.	*Tarascon*.

Saints.	Reliques.
Sainte MADELEINE, sa sœur.	*Saint-Maximin* (Provence).
Saintes MARCELLE et SUZANNE, leurs servantes.	id.
Saint SIDOINE, l'aveugle-né et miraculé (1), 2e évêque d'Aix.	id.
Saint MAXIMIN, 1er évêque d'Aix, l'un des 72 disciples.	id.
Sainte VÉRONIQUE.	*Bordeaux*, église Saint-Seurin.
ZACHÉE (saint Amadour), son mari.	*Rocamadour*.
Saint SATURNIN (Saint Sernin).	*Toulouse*, église Saint-Sernin.
Saint TROPHIME.	*Arles*, église Saint-Trophime.
Saint EUTROPE, 1er évêque d'Orange.	Reliques brûlées en 1570 par les protestants.
Saint JOSEPH D'ARIMATHIE.	Reliques perdues au *Moyen Moutier*, diocèse de Toul.
Saint PARMMES.	Retourna en Palestine et y mourut.

(1) Guéri à la fontaine de Siloé, sise au bas de la montagne de Sion.

Fuyant devant les persécutions des Juifs, tous ces saints précités avaient quitté la Judée dans la même barque (vers 48 après Jésus-Christ). Presque en même temps, saint Pierre envoya en Gaule sept évêques dont : saint *Martial*, l'enfant qui portait dans son panier les cinq pains et les deux poissons de la multiplication des pains (reliques à *Limoges*) ; saint *Front*, contemporain et ami de sainte Marthe (reliques à Saint-Front de *Périgueux*), et saint *Georges*, 1er évêque de Brioude (reliques au *Puy*).

Le corps de sainte Anne, la mère de la Vierge (1), repose aussi en France. On le découvrit à Apt (Vaucluse) en présence de Charlemagne. Madeleine et Lazare l'avaient apporté (avec beaucoup d'autres reliques perdues pendant les guerres de Religion et la Révolution) et confié à saint Auspice, évêque d'Apt.

Paris (186, rue de Tolbiac), Chartres, Bourges, Rouen, Narbonne, Florence, Aix-la-Chapelle, etc., etc., possèdent des ossements de sainte Anne, provenant d'Apt.

Comme Anne d'Autriche, l'impératrice Eugénie gratifia Sainte-Anne-d'Auray de reliques de la grand'-mère du Christ. Aussi lors de sa visite à ce sanctuaire, l'épouse de Napoléon III reçut en reconnaissance un fragment d'os de saint Vincent Ferrier, espagnol comme

(1) Le voile de la Vierge est au trésor de Chartres. La cathédrale de Palma (Majorque) en possède des fragments parmi d'autres reliques d'Elle.

elle, patron de Vannes, où il repose dans la cathédrale depuis 1419, aux pieds de la duchesse Jeanne, qui l'avait enseveli de ses propres mains.

Mais le hasard n'avait point, comme on le suppose généralement, présidé seul à cet exode vers la Gaule des parents et ouvriers de l'œuvre de Jésus. Dans l'Histoire tout se tient, et les faits les plus incohérents en apparence sont eux-mêmes reliés par des liens occultes, mais étroits.

Et c'est avec une volonté, bien arrêtée, d'avance, de débarquer en Gaule, que les Saintes Femmes et leurs compagnons atterrirent aux côtes de Provence. Nombre de Gaulois (1) et de Gauloises, en effet, suivirent Germanicus en Palestine. Jeanne, la femme de Chusas, l'économe d'Hérode, était une Gauloise, et quatre légions gauloises, ne l'oublions pas, campaient en Syrie au moment de la Passion.

La Gens *Pontia*, dont Ponce Pilate était issu, avait de nombreuses connaissances et parentés dans le midi de la France : Claudia, proche parente de l'empereur Tibère, et la propre femme de Ponce Pilate, habitait Narbonne avec ses parents avant son mariage. Les influences de

(1) Helvica, mère de Cicéron, était d'Alba Augusta (Annonay) ; l'empereur Carus et le poète Terentius Varo, de Narbonne ; Claude Nero et Caracalla, de Lyon ; Constantin II, Pétrone et le Consul Agricolas qui conquit l'Angleterre, de Provence ; Exupérence, frère de Quintillien et préfet des Gaules, du Poitou ; etc., etc.

Claudia valurent même à Ponce Pilate la haute position de gouverneur en Judée et qu'il occupait lors de la Passion. Seule elle prit aussi parti pour Jésus, dissuadant son mari de « se mêler au meurtre de ce juste ».

Que Ponce Pilate ait voulu sauver le Christ de la fureur populaire, cela est hors de doute : il usa dans ce but de tous les expédients, employant même le châtiment de la flagellation avec l'espoir secret que les Juifs se contenteraient de ce seul supplice ; et quand il fallut rendre la sentence de mort, pour bien faire comprendre qu'on faisait violence à sa volonté et qu'il entendait ne pas être responsable de ce crime il fit apporter de l'eau et se lava publiquement et ostensiblement les mains.

Et après le crucifiement, lui seul permit encore à un ami de Jésus, Joseph d'Arimathie, de détacher le corps de la croix et de l'ensevelir, dérogation flagrante à la coutume qui voulait que le supplicié restât exposé jusqu'à ce que les oiseaux de proie l'eussent dévoré (1).

Mais soit qu'on lui ait reproché constamment et amèrement sa faiblesse dans le procès de Jésus, soit qu'il fût au contraire ulcéré par le remords d'avoir prononcé la condamnation, quatre ans après, Ponce

(1) Claudia devait très probablement frayer avec Sirus et Eucharie, les parents de Marthe, Madeleine et Lazare, notables fort riches et connus de Béthanie, ville à 15 stades seulement de Jérusalem.

Pilate se suicida, et en Gaule, à Vienne, assure-t-on, dans le Dauphiné.

Le premier appui moral qu'obtint Jésus avant sa condamnation venait donc d'une Gauloise : la première étrangère compatissante et affectueuse qu'il croisa sur la voie douloureuse, fut encore une Gauloise. Le Christ entrant à Jérusalem aperçut un homme qui pour mieux le contempler était monté dans un figuier :

« *Descends, Zachée,* dit-il, *je mange aujourd'hui chez toi.* »

Cet hôte de Jésus, richissime païen, avait épousé Béronique, née du mariage de Salomé, la propre sœur d'Hérode, et d'un Gaulois de Bazas.

L'épouse du gouverneur de Judée et celle du receveur de Jérusalem étaient donc Gauloises.

Quoi d'étonnant alors à ce que Béronique, matrone influente en relations connues et suivies avec sa compatriote, la femme de Ponce Pilate, ait pu accomplir librement sur le chemin de Croix sa courageuse intervention ?

Béronique était dans sa maison (1), alitée et fort

(1) Sur le chemin où demeuraient en face l'un de l'autre le pauvre Lazare, à droite, et à gauche, le mauvais riche, à dix pas de l'habitation de Béronique exactement : «... *Il y avait un homme très riche qui était vêtu de pourpre et de lin et qui se traitait magnifiquement tous les jours. Il y avait un pauvre appelé Lazare, tout couvert d'ulcères, couché à sa porte, qui eût bien voulu se rassasier*

souffrante, lorsqu'elle entendit tout à coup le tumulte et les vociférations de la foule qui accompagnait le Christ au supplice du Calvaire. Béronique se lève, met la tête à la porte, regarde et aperçoit Jésus, les yeux tuméfiés et aveuglés par la sueur et le sang ruisselant sur la face et que les soldats étaient presque impuissants à protéger contre la tourbe hurlante. S'élançant alors dans le chemin et arrachant son voile (1) elle le plie en trois et lui essuie respectueusement le visage.

Ainsi tout s'explique : les soldats, légionnaires gaulois, fort probablement, qui peu d'instants auparavant, venaient d'éloigner brutalement la Vierge et les saintes femmes, s'effaçaient avec déférence devant leur compatriote, l'épouse d'un très haut fonctionnaire

des miettes qui tombaient de la table du riche ; mais personne ne lui en donnait et les chiens venaient lui lécher ses plaies. »

(1) Le Voile de sainte Béronique, *el santo* ou *el santo Rostro*, apporté de Rome par San Eufrasio, est au trésor de la cathédrale de Jaen. Le roi saint Ferdinand l'avait sur lui dans toutes ses expéditions et Alphonse XIII le vénéra lors de son dernier voyage en mai 1904. Renfermé dans un grand cadre d'or orné de pierres précieuses d'une immense valeur, on l'expose trois fois par an. Les paysans de la contrée portent en scapulaire une petite reproduction de cette relique. L'empereur Tibère, affligé de la lèpre, le demanda à Béronique (compatriote de sa parente Claudia, la femme de Ponce Pilate) qui vint tout exprès de Galilée à Rome auprès de lui. Les empereurs Titus et Vespasien, atteints d'un cancer, l'invoquèrent également. Rome, Cologne, Milan, Gènes et Nanteuil-Notre-Dame (Aisne) prétendent posséder des plis de ce voile.

de l'Empire et l'intime du gouverneur lui-même.

De même, quand il fallut fuir précipitamment lors des persécutions dont les chrétiens étaient victimes en Terre Sainte (1), les amis de Jésus se souvenant des récits séduisants que Béronique avait souvent faits devant eux sur sa belle patrie, la Gaule, l'y accompagnèrent volontiers.

Mais quelle insigne faveur devait être aussi réservée à l'Espagne ! Pour l'évangéliser, saint Pierre choisit en effet l'un des plus illustres parmi les douze apôtres, celui qui accompagna Jésus dans toutes ses pérégrinations en Galilée et assista à la Transfiguration sur le mont Thabor, le neveu même de la Vierge, saint Jacques le Majeur. Peu après la Résurrection, au moment de son départ pour l'Espagne, il prit congé de la Mère du Christ :

« *Va*, lui dit-elle, *va mon fils, accomplis l'ordre de ton Maître, et souviens-toi que dans celle des villes d'Espagne où tu auras obtenu le plus de conversions, tu élèveras une église en mon nom.* »

Saragosse fut élue pour cet honneur suprême. Là,

(1) « *Les princes des prêtres, qui avaient déjà chassé du temple Sidoine, l'aveugle miraculé, résolurent de faire aussi mourir Lazare parce que beaucoup de Juifs se retiraient d'eux à cause de lui et croyaient en Jésus.* » (Saint Jean, c. XII, v. 1, 2, 9, 10, 11.)

en effet, la Vierge apparut (1) à saint Jacques et l'appela :

« *Prends ce pilier que mon Fils, ton Maître, a envoyé et qu'il y reste jusqu'à la fin du monde : qu'en ce lieu de merveilleuses choses soient accomplies par la vertu de mon Fils.* »

Puis elle disparut, tandis qu'à la place même où elle avait parlé surgissait une colonnette de marbre blanc. Saint Jacques l'abrita immédiatement d'une petite chapelle. Ce premier temple chrétien de la péninsule devait être le berceau de la ville actuelle et le sanctuaire le plus vénéré de la chrétienté après Rome, Jérusalem et Lorette.

La Vierge noire du pilier (2) est en bois sculpté et remonte aux temps les plus lointains de l'antiquité. Vêtue d'une précieuse dalmatique et couronnée d'un diadème d'or, elle est debout avec l'Enfant Jésus dans ses bras sous un dais d'où tombe un immense rideau de velours semé d'étoiles et que soutiennent des anges d'argent aux ailes émaillées de saphirs. Une centaine de grosses lampes d'argent et des milliers de cierges illuminent la chapelle lambrissée de membres, béquilles, ex-voto de toutes sortes

(1) Voir : L'Apparition de la Sainte Vierge à saint Jacques, par Le Poussin, au Louvre.

(2) *Morena es la Magdalena y la Virgen del Pilar.*

en or et en argent massif (1). Plusieurs fois volée, notamment une nuit par des habitants de Pampelune, toujours miraculeusement la Madone revint sur son pilier. Les Maures, infidèles, lui témoignaient le plus grand respect : ils établirent même autour du monument une chaîne qu'ils s'interdisaient de franchir, et les Vandales ne parvinrent pas à s'établir à Saragosse.

Comme Annibal, Napoléon échoua pour acclimater un rameau étranger dans le granit de l'Ibérie. Sous la ruée des flammes qui embrasaient l'atmosphère, la grêle de feu et de plomb des obus et de la mitraille, alors que les drapeaux ennemis s'entremêlaient et se déchiraient, les baïonnettes s'entrecroisaient rouges et ruisselantes, les corps s'étreignaient et formaient d'épouvantables amas de chair, Notre-Dame del Pilar fut épargnée.

De ses mains noires de poudre pendant la cam-

(1) En 1796, les hardes de la Vierge étaient estimé s à 3 millions. Au printemps de 1870, afin de pouvoir continuer les travaux de cette belle église couverte de tuiles bleues, blanches et vertes, et qui avaient été interrompus par la guerre d'Espagne, on vendit pour 2 millions de réaux, 523 bijoux de Notre-Dame : médailles, croix, bagues, colliers, chaînes, châtelaines et montres, éventails, coffrets, tabatières, pommes de cannes, taureaux en argent et en or, diadèmes, grenade en or émaillé...

On admire toujours, dans le trésor, le Saint-Sacrement dont les rayons sont d'or massif et couverts d'émeraudes. Ce soleil et le calice pèsent 500 livres.

pagne d'Espagne, Saragosse venait d'inscrire son nom dans l'Histoire en caractères immortels. Telle est la gloire qui du petit oratoire bâti par saint Jacques devait rejaillir pour toujours sur toute l'Espagne.

Après l'apparition de la Vierge à Saragosse, saint Jacques quittant l'Espagne pour la dernière fois était retourné à Jérusalem où le tétrarque Hérode Agrippa le fit décapiter (1). Ses disciples (2) transportèrent secrètement son corps à Jaffa. Puis, voulant l'ensevelir parmi ceux qu'il avait évangélisés, ils firent voile vers l'Espagne et débarquèrent à Iria (aujourd'hui El Padron) 45 après J.-C. (3).

Vers 835 après J.-C., des bûcherons travaillaient la nuit dans un bois. Guidés par une lueur étrange ils découvrirent le corps du saint dans une grotte de marbre. Alphonse le Chaste lui consacra aussitôt une modeste chapelle autour de laquelle les habitations se

(1) V. *La Décollation de saint Jacques*, grav. par Giò-B. Pasqualini d'après Le Guerchin. Le lieu du martyre de saint Jacques à Jérusalem est occupé par un couvent arménien dont l'église est riche et élégante.

(2) *Pierre*, à Evora en Portugal ; *Cecilius*, à Elvire, près Grenade ; *Euphrasius*, à Avila ; *Indalecius*, à Verga (Navarre) ; *Torquatus*, à Cadix ; *Hesichius*, à Carthesa près Astorga ; *Athanase* et *Théodore*, enterrés dans la crypte de Santiago, à ses côtés.

(3) Des calvaires dont les marches en pierre sont usées depuis des siècles par les pieds des pèlerins, s'élèvent aux lieux principaux habités par l'apôtre en cette région.

multiplient et que remplacent successivement plusieurs sanctuaires dont l'un sur le modèle de Saint-Sernin de Toulouse et enfin la basilique où, pendant des siècles, princes, ambassadeurs, légats du Pape, rois de France (1), de Castille, de Navarre et d'Aragon devaient venir faire pénitence majeure.

Cependant les miracles (2) se multipliaient au tombeau du saint ; plusieurs rois qui l'avaient imploré obtinrent la victoire (3). En 844, à Clavijo, au plus fort de la mêlée, il apparaît sur un palefroi blanc et

(1) Il y a encore la chapelle du roi de France : *Capilla del rey de Francia*. On appelait de même *Carmino frances* la route qui conduisait à Santiago tant le nombre des dévots de Champagne, Bourgogne, Alsace, Picardie devait être considérable. En 1310, Philippe le Long, régent de France, stipule que Robert de Castel, le plus jeune fils du comte de Flandre, fera pénitence à Compostelle en passant par Rocamadour. — Ulf de Mericie et Brigitie de Suède partirent pour Santiago après leur mariage. Ferdinand et Isabelle élevèrent une hôtellerie pour les pèlerins pauvres ; on y donnait, dit la légende, « *gato por res* », du chat pour du bétail. La nourriture était mauvaise, et la sécurité n'existait plus : les bandits et les pillards infestaient les chemins. Aussi les chevaliers de Saint-Jacques-de-l'Epée, d'Alcantara et de Calatrava devaient par les statuts des ordres, assurer la protection des pèlerins et les héberger dans leurs châteaux.

(2) Saint Jacques ressuscitant par ses prières un roi et une reine de Castille, par Nic. de Bruyn, d'après Lucas de Leyde. 1600.

(3) « On entend dans son tombeau, écrit Mme d'Aulnoy (*Mémoires*), un grand cliquetis d'armes quand les Espagnols sont à la veille d'être vaincus. »

charge contre les infidèles qui laissent 60.000 cadavres sur le champ de bataille (1).

Jusqu'au divorce d'Henri VIII, les dévots d'Angleterre faisaient voile si nombreux de Plymouth vers Bayonne dans le but d'éviter les défilés dangereux des Asturies, que les rois de France convenaient diplomatiquement avec ceux d'Angleterre qu'aucun Anglais ne pourrait visiter Compostelle sans passeport, édictant de plus des peines sévères contre ceux qui se déguiseraient.

Louis VI le Gros, roi de France, se mourait à Béthisy, lorsqu'un courrier lui apporta le testament du duc Guillaume d'Aquitaine, décédé à Compostelle. On l'ouvrit. « Je désire, disait-il, laisser mes filles Alienor et Peronelle sous la protection du roi de France, mon seigneur. Je désire, s'il plaît à mon seigneur, qu'Alienor soit mariée au seigneur Louis, fils du roi, et je lui donne l'Aquitaine, le Poitou, l'Aunis et la Saintonge. »

Louis le Jeune (2), arrière-grand-père de saint Louis, fit aussi le pèlerinage.

(1) L'invocation à *Santiago Matamoro* devient dès lors le cri de guerre des soldats de Castille, comme en France le « Montjoie Saint-Denis ». Dans la chapelle *Santiago* de la cathédrale de Séville, un tableau de Juan de las Roelas représente ce miracle de saint Jacques à Clavijo.

(2) Son beau-père, le roi de Castille, lui donna à cette occasion de magnifiques présents dont il ne voulut accepter qu'une magnifique escarboucle : mais de retour dans ses états,

Aujourd'hui encore, dans une crypte scintillante d'or et d'émaux, la statue de saint Jacques, en pèlerine d'or et robe d'argent incrustée de diamants, auréolé de rubis et d'émeraudes, et que les pèlerins baisent à la file, repose, assise, sur un autel de marbre (1).

Quatre anges assis sur les chapiteaux de quatre colonnes soutiennent sur leurs épaules le cercueil surmonté d'une étoile d'or.

Le 25 juillet, grande fête du patron de l'Espagne, dans cette ville qui compte 45 églises, 220 autels, plus de 100 cloches et 36 confréries, le coup d'œil est des plus pittoresques. On voit, circulant pêle-mêle et

le roi de France envoya en reconnaissance à Alphonse VIII une ambassade solennelle conduite par l'abbé de Saint-Denis, avec mission de lui remettre le bras de saint Eugène dont le corps était dans la nécropole royale de Saint-Denis. Suivi de ses deux fils, du clergé et de la cour de Castille, Alphonse VIII alla processionnellement hors des murs recevoir le précieux dépôt qu'il porta lui-même jusqu'à la cathédrale. Plus tard Philippe II, désireux de posséder tout le corps, le demanda à Charles IX, son beau-frère, qui le lui offrit. Charles III ne rêva-t-il pas, en plein XVIIIe siècle, d'échanger à nouveau le corps de saint Eugène contre les conquêtes espagnoles de Louis XIV, la Franche-Comté et la Flandre !

(1) Cette image est la reproduction de celle détruite en 997 par Almanzor et ses musulmans quand ils rasèrent la ville. Le maréchal Soult vérifia, lors de la guerre d'Espagne, que les yeux de la statue n'étaient pas en diamants comme on l'avait toujours cru. Dans la crypte on voit aussi le pavillon amiral conquis sur les Turcs à Lépante et que don Juan d'Autriche offrit en action de grâces.

venues des extrémités les plus lointaines des Asturies, de la Galice et de l'Estramandure, les femmes coiffées de l'*esclavina* rouge bordée de velours noir ou de la capeline en tulle brodé blanc retenue par des bijoux d'or, et les paysans avec leur chapeau retroussé de galons bizarres, un petit manteau brun garni de coquilles et portant la calebasse et le bâton.

Les éternels géants précèdent les autorités locales à la grand'messe où le représentant de la reine va à l'offrande. En 1872, le duc de Montpensier déposa en cette qualité et à cet anniversaire un vase d'or contenant près de 3.000 pesetas.

Le 25 juillet dernier 1904 (1), Alphonse XIII, le prince des Asturies, les ministres de la marine et de l'instruction publique précédés des chevaliers de Saint-Jacques, de nombreux grands d'Espagne et de délégations d'étudiants de Salamanque, entendirent un *Te Deum* à la cathédrale. Les fameux « Coros » ont chanté suivant la liturgie traditionnelle, et le célèbre encensoir d'argent, le plus grand de l'univers, pesant 1.000 kilogrammes a été mis en mouvement sous la voûte transversale devant l'autel de Saint-Jacques. Grâce à des

(1) Le roi d'Espagne accomplit ce pèlerinage à bord du yacht *Giralda,* faisait escale à Arosa, Vivero, Villagarcia (Notre-Dame d'Esclavitud) et retour par Rivades et Cornillas, villes et ports anciens, sites remarquables. Durant ce voyage, la reine mère honorait de sa visite les jolies plages françaises de Biarritz et Saint-Jean-de-Luz.

cordes et poulies adaptées à un mécanisme spécial, il monte si haut au-dessus des têtes de la foule qu'il va toucher les voûtes de chaque transept, inondant les fidèles de nuages parfumés de myrrhe et d'encens. Après la cérémonie, le roi a remis au culte des apôtres son offrande de 2.000 écus d'or, puis a donné l'accolade aux cinq chevaliers de l'ordre de Santiago dont il est le grand maître. Toutefois le pays déjà pauvre est déserté par les indigènes qui émigrent : tous les Gallegos, comme les Marchois et les Limousins de France, sont en effet maçons dans les grandes villes ou portefaix sur la Puerta del Sol à Madrid ; aussi la splendeur de Santiago de Compostelle va-t-elle un peu en déclinant.

VI

Du reste, il faudrait de nombreux volumes pour énumérer les reliques (1) insignes possédées par l'Espagne et raconter même brièvement les illustres légendes de toutes ses madones miraculeuses : Covadonga (tombeau de Pelage, fondateur de la monarchie), Roncevaux (où reposent les preux de Charlemagne), Guadeloupe (invoquée par Christophe Colomb dans ses voyages), Montserrat, Macarena (Séville), à laquelle, le 14 mai 1904, Alphonse XIII consacra une visite, Del Valle, etc., sont vénérées de toute la chrétienté ; et dans chaque province, chaque cité possède plusieurs

(1) Les Christs célèbres de *Burgos*, El Moro de *Barcelone* et d'*Orense*. Les trésors de Burgos (*Las Huelgas*), *Compostelle*, l'*Escurial* (75.000 reliques). *Manresa, Oviedo, Séville* (le titre de la Croix), *Tarraga, Tolède* et *Valence* (le vase de l'Eucharistie), renferment une infinité de reliques de la Passion et de la Vierge (épines, bois de la Croix, etc.) dont beaucoup offertes par saint Louis et Louis XV.

sanctuaires fameux. Aussi bornons-nous à quelques stations devant ceux de Madrid, et commençons d'abord par le palladium de cette Capitale (1).

La vogue de la Madone d'*Atocha*, c'est-à-dire du *genêt* ou du *buisson*, date des premiers siècles de l'Histoire. La femme d'un gentilhomme, surprise en galant entretien, allait être poignardée par son époux. Elle fait mentalement un vœu à Notre-Dame d'Atocha. L'arme tombe soudain des mains paralysées du meurtrier, et elle est sauvée.

C'est dans cette église de l'ancien couvent, *Cuartel de los Invalidos* (2), monument de la piété de Charles-Quint, comblée des munificences de la Maison Royale, que les troupes prêtaient serment. Pour tous les grands événements jusqu'à la chute de la reine Isabelle, la Cour s'y rendait en carrosse à huit chevaux, au pas, les régiments faisant la haie et les tambours battant aux champs. Là, encore aujourd'hui se célèbrent les baptêmes et les mariages des souverains, et les reines viennent, après leurs relevailles, y consacrer leur

(1) On voit aussi à Madrid, dans la chapelle de N. S. *de Alucinada*, une Vierge miraculeuse que l'on dit être apportée de Jérusalem, par saint Jacques. Citons encore la *Soledad*, la *Almuneda* sculptée par saint Luc, Notre-Dame del *Bueno Suceso*, où depuis Philippe IV la Cour se rend en voiture, le samedi, etc., etc.

(2) Les drapeaux conquis à l'ennemi par les armées espagnoles, pendent à la frise.

nouveau-né. Les rois, depuis des temps immémoriaux, n'entreprennent jamais non plus une longue absence sans « prendre congé de Notre-Dame d'Atocha ».

Cette vierge (1) tient l'Enfant Jésus dans ses bras d'où glisse un long chapelet. « Elle pleure, dit la légende, tous les ans, le jour de sa fête. »

Coiffée d'une perruque, couronnée d'un soleil, éclairée par plus de 100 grosses lampes d'or et d'argent massif qui brûlent nuit et jour, « elle brille tellement, au milieu des cierges, disait Saint-Simon, qu'on ne peut rien voir de plus magnifique ».

Les richesses de cette image, en coiffures, dentelles, étoffes précieuses, argenterie, pierreries, sont prodigieuses (2), les reines lui offrent leurs toilettes de noces. Isabelle II déposa la robe qu'elle portait le 2 février 1852, quand elle reçut un coup de couteau de l'assassin Merino.

Une des plus grandes dames d'Espagne est toujours

(1) Peinte par saint Luc, et envoyée en Espagne par saint Pierre.

(2) La reine Mercedès, morte en mai 1878, avait été précédée dans la tombe par sa sœur Amélie et son frère Fernando et suivie immédiatement de son autre sœur Cristina. Presque en même temps, le 5 août 1879, Alphonse XII perdait sa sœur Dona del Pilar. Frappé cruellement par tous ces deuils, ce roi, voulant terminer la basilique de l'Escurial commencée par Philippe II, fit procéder à la vente du trésor d'Atocha qui produisit 3.750.000 francs. Il versa de plus en ce but annuellement 250.000 francs, et le duc de Montpensier et la comtesse de Girgenti, chacun 50.000 francs.

chargée de ses atours, honneur très recherché, mais qui coûte de 40 à 50.000 francs par an de dentelles et d'étoffes dont profite le couvent.

Autrefois, on étendait des tapis sur le passage des personnages de qualité, qu'on faisait entrer « dans de petits cabinets dorés et vitrés ; la loge du roi est avec balcon et jalousie ».

« Il y a, écrivait Mme d'Aulnoy, des parterres de gazon fleuri, embellis de fontaines d'où l'eau retombe dans des bassins de marbre ; des petits oiseaux voltigent librement qui font des manières de petits concerts. Jamais l'église n'est sans jasmin ni oranger qui parfument agréablement avec l'encens. »

Ne nous éloignons pas de Madrid sans nous arrêter dans la cathédrale de Tolède, devant la chapelle de la Vierge entièrement lambrissée de jaspe, de porphyre et ruisselante de pierreries. Le manteau de la statue brodé en 1762 contient 85.000 perles, diamants, rubis. Il n'est plus possible de suspendre un bijou aux oreilles, ou d'enchâsser une pierre sur la couronne, ni de tracer un autre ramage sur le brocart. La Madone semble ployer sous les colliers, les bracelets et les bagues enroulés autour de ses bras. La robe, recouverte d'arabesques et de soleils de perles d'une grosseur et d'un prix inestimables, entre autres plusieurs rangées de perles noires d'une rareté inouïe, vaut *plusieurs millions*.

VII

A l'intérieur des maisons de Séville, toutes blanches, émaillées de faïences éclatantes, dans la fraicheur exquise des *patios*, derrière les jalousies et les miradores, on devine des roses rouges piquées dans des cheveux très noirs, des yeux ardents sous des mantilles et des sourires masqués sous le jeu savant des éventails. Les jardins où les orangers poudrés de fleurs comme des marquis Louis XV se succèdent pareils à une mer que couvrirait une écume odorante, sont désertés, et dans les rues dallées, où s'étalent les pavois de fêtes, loueurs de chaises, bouquetiers, marchands d'eau chargés d'alcarazas glacés, confiseurs [illegible], promenant leurs *dulces* et massepains, toute cette armée envahit la *Sierpes* et les plazas, assiégeant les abords de la Giralda. A chaque pas, un fourmillement de mendiants, d'estropiés, d'aveugles, de musiciens [illegible], loqueteuse assemblée, monde obsédant de porte-guenilles, purgatoire ambulant égrenant d'interminables litanies de souffrances et prodiguant leurs bénédictions à tous les passants.

Malgré cette agitation profane, ce brouhaha étourdissant de la foule venue des extrémités du royaume et même des Amériques, on ne peut méconnaître le silence respecteux, la curiosité émue qui figent pourtant la multitude. Séville tient à la pompe extérieure, à l'expansion du culte en pleine cohue, palpite au souvenir du Christ crucifié et s'extériorise pour vivre le drame divin. Soudain la marche royale retentit dans la cour du Palais de Montpensier... A l'intérieur de la cathédrale ce n'est que litanies, fanfares et bénédictions ; le grand orgue déchaîne l'ouragan de ses harmonies grandioses et mouvantes, les antiennes et les cantiques ceignent d'une guirlande de prières Notre-Dame de *los Reyes*. Cette patronne de la Cité, offerte par saint Louis à son cousin saint Ferdinand, trône sur le maître-autel, abritée par un dais dans un costume de satin blanc du XIIIe siècle et constellée de diamants, sous la clarté jaunissante du *tenebrario* (1). Des vols de clartés, bleues, roses, violettes, descendent du haut des verrières, papillonnent sur les piliers et s'abattent en flaques irisées mystérieuses, et les veilleuses s'épanouissent comme des touffes lumi-

(1) Le célèbre chandelier en or de 7 mètres de haut que l'on allume lors de la Semaine Sainte.

neuses de fleurs rouges. L'encens monte en gerbes le long de cette charmille de voûtes étincelantes d'or et de peintures qui s'élance vers l'infini, majestueuse et formidable, au-dessus du peuple prosterné.

Dans les galeries à jour de la Giralda, l'airain tonne et les ondes assourdies de ces cloches magnifiques submergent les fidèles; lui répondant, toutes celles des paroisses et des faubourgs d'Italica et de Triana, véritable concert aérien, carillonnent leur allégresse.

Précédés des *silencieros,* innombrables, les membres des confréries sortent sur deux rangs de la cathédrale à pas lents, revêtus de leur cagoule moyen-âgeuse, en vrai défilé de fantômes.

Puis des théories de prêtres aux chasubles éclatantes. Derrière eux, les porteurs de croix et de bannières, érigeant leurs torses musculeux sous des vestes en justaucorps, galonnées de velours et lamées d'argent. Ensuite une longue rangée de figures graves, hiératiques, échappées, dirait-on, de quelque vitrail ; on les prendrait pour des idoles vivantes, à voir les vêtures somptueuses et les ornements dont elles sont chargées, à voir surtout l'inconsciente majesté de leur démarche que rythment des chants de litanies et des sons intermittents de tambours. Elles passent, lentes et les yeux fixes, balançant au roulis de leurs épaules les statues des saints et des saintes, protecteurs et protectrices de leurs pères.

Par milliers elles promènent ces saintes images éblouissantes d'or et de lumière ; chacun tient penché sur la hanche un lourd cierge de cire et le long ruban de flammes tremblotantes et fumeuses éclaire de lueurs bizarres cette impressionnante marche funèbre.

« Le Paso » apparaît, lourde plate-forme, rasant la terre, où les Christs se dressent dans le taillis flamboyant de cierges. Les Madones paraissent s'incliner dans un mouvement pitoyable et doux. Les Nazarenos avec leurs bannières, brodées, gemmées, aux armes royales et pontificales, leurs capuces pointus, leur simarre à traîne, arrivent glissant comme des navires de haut bord ; puis les trompettes et les ravitailleurs de cierges, et au-dessus des têtes le Christ en croix entre deux larrons et les anges qui portent les instruments de la Passion.

« Béronique s'avance ostentatoire, les doigts pesants d'émeraudes, tenant le voile où est imprimée la Sainte Face, souriant aux jeunes gens qui l'éventent et l'escortent ; » puis des petits enfants nus représentant le précurseur Jean, le messager Raphaël et l'archange blanc qui salue Marie ; enfin, revêtu de la robe rouge, la couronne d'épines accrochée dans sa perruque laineuse, le Christ se traîne majestueusement...

Et comme si elle eût voulu remplir en conscience dans ce chemin de croix le rôle de la *Mater Dolorosa*, fière et droite mais triste, une femme très âgée, à la démarche noble, suit à pied entourée respectueusement de princes royaux et de dignitaires de Madrid. Apparition émotionnante succédant aux bonnes vierges, roses, réjouies et fardées ; sur son passage, la foule s'incline encore une fois, reconnaissant, malgré les crêpes qui l'enveloppent, la mère du duc de Montpensier, la veuve du roi Louis-Philippe, la mère inconsolable du duc d'Orléans, de la princesse Marie de Wurtemberg et de la reine des Belges.

La vieille souveraine est visiblement sensible à ces honneurs. Il ne lui déplait pas d'être traitée encore en reine dans le pays le plus monarchique d'Europe ; et elle aime voir la couronne qu'elle a portée et la maison de Bourbon recevoir ces hommages en sa personne ; et quand, après la cérémonie, elle regagnera le palais de son fils où règne l'étiquette castillane la plus pure, elle ne cachera pas la joie qu'elle éprouve à entendre la garde du palais jouer exprès pour elle et en son honneur cette marche royale qui pendant trente ans de sa vie résonna à ses oreilles dans la demeure de ses pères, les souverains de Naples et de Sicile (1).

(1) « La reine Marie-Amélie parla toujours de ce séjour qu'elle fit à Séville comme de l'un des plus sensibles adoucissements qu'elle ait trouvés aux peines de son exil. Les ressources que l'Espagne offrait à la piété catholique étaient un des principaux arguments dont se servit le duc de Montpensier pour attirer sa mère sous le ciel clément de Séville et

Mais dans la cathédrale, la voix mâle et plaintive des hymnes et des orgues accueillant le retour de la procession s'est tue : le silence gagne toutes les rues... interrompu seulement par les invocations des serenos, les ritournelles lointaines de la Feria du paseo de *las Delicias*, et les rumeurs endiablées des gitanes, dansant au faubourg de Triana.

qui lui rappelait les douces impressions de sa jeunesse à Naples et à Caserte... L'imposante beauté de la cathédrale qu'elle ne cessait d'admirer se rehaussa encore à ses yeux lorsqu'elle vit s'y déployer les pompes du culte. Elle pouvait, étant à proximité, s'y recueillir dans le silence de l'oraison comme elle y trouvait la majesté des plus belles solennités de l'Eglise. » *Trognon* (Marie-Amélie).

VIII

Aux castagnettes provocantes et bavardes du bohémien *Milagros* (Miracles) répond le tambourin frémissant et railleur de la danseuse *Candelaria* (Cierge pascal). Tandis qu'une vieille sorcière couverte d'amulettes et de verroteries, entourée de lézards apprivoisés, de hiboux et de jeux de cartes, bat la mesure du bout d'une sordide pantoufle de velours, parmi les caballeros frappant des mains et marquant de cliquetis les rythmes de la danse, le couple se balance, se provoque, se renverse, se redresse, se tord fébrilement dans une sarabande sauvage, la gitane, froisse, secoue, tourne et retourne sa jupe, faisant mine enfin de glisser un insecte à son cavalier (1). Ou bien sur une table, le regard fascinant, par sa lueur insatiable et sa volonté de plaire, elle danse le *zorongo*. Les doigts claquants, la lèvre sanglante, dans une sorte de piaffement continu,

(1) *Saut de la puce.*

tourbillonnant, elle fait sans cesse, par ses tournoiements et déhanchements, baller sa robe qui, amoureuse de son corps, l'abandonne tour à tour et le reprend.

Puis haletante, décoiffée, grisée elle-même de son allure folle, enjambant casseroles, pots émaillés, ceintures, séquins, miroirs et peignes brisés, un fouillis de résilles, rubans, fleurs, écharpes, châles et voiles violemment nuancés, elle regagne la bauge enfumée, où tous les siens se promiscuant, grouillent et pullulent.

En visitant ces descendants des barbares venus d'Egypte, race belle pourtant mais qui sent de loin l'estafilade et le coupe-gorge, suant le vice et la misère par tous les pores, frères des gitanes de Grenade et des Bohémiens de tout l'univers (1), dans ce repaire de brigands et de faubouriens de Triana (2) où jamais la madone n'est sans cierges, ni le coutelas sans rouille de sang, n'est-ce pas l'héroïne de Mérimée, la cigarière Carmen, qui nous a invités, nous murmurant un soir à l'oreille :

(1) Ils obéissent tous clandestinement à un chef unique, le prince des gitanes, qui était, il y a peu d'années encore, Mariano Fernandez. Leur patronne est la négresse Sarah, servante de sainte Marthe.

(2) Dans cette ville romaine, aujourd'hui faubourg, naquirent les empereurs Trajan, Adrien et Théodose, et aussi Prudence et Silius Italicus.

Près des remparts de Séville,
J'ai mon ami Lilas Pastia;
J'irai danser la séguidille...

Ainsi le touriste qui rêve de ciel bleu, de blanches terrasses et de palmiers, peut, sans quitter la péninsule s'il redoute les affres d'une traversée, se trouver transporté, par un véritable mirage, au milieu des Egyptiens, à Triana et aussi sur les bords mêmes du Nil, à Elche.

Il semble, en effet, que l'Europe chrétienne et civilisée ait voulu conserver à la postérité ce morceau d'Orient, transporté en bloc sur le sol d'Espagne avec ses maisons arabes et ses senteurs exotiques à l'abri d'une forêt séculaire de palmiers.

Les palmes sont expédiées dans toute l'Espagne où elles servent pour la cérémonie du *Domingo de Samos;* on les façonne avec un art tout particulier : on les roule, on les frise, on les entoure de clinquant de façon à former d'élégants dessins. Quelques-unes, hautes de plusieurs mètres, sont d'un luxe d'ornementation extraordinaire. Elles servent à parer les balcons des maisons et à les préserver de la foudre, selon une vieille croyance du Midi. Aussi l'Espagne ne consomme pas seule les palmes d'Elche, on les envoie pour le dimanche des Rameaux, à Toulon, Nice, Bordighera, San-Remo, Gênes et Rome.

La palmeraie compte près de 4.000 arbres qui sont

alimentés par un système particulier d'irrigation. Le produit de la vente des dattes et des palmes dépasse 500.000 francs.

On cultive le nèfle et le coton dans les espaces libres. Le costume des paysans d'Elche est des plus pittoresques : foulard de soie rouge et jaune posé en turban ; veste de velours bleu, garnie de nombreux boutons de filigrane d'argent, large ceinture de soie aux rayures éclatantes, qui serre la taille, rendue svelte encore par l'ampleur des *zaragüelles,* vastes caleçons de toile blanche tombant jusqu'aux genoux comme la jupe des Palicares albanais. Des *alpargatas* de chanvre finement tressé servent de chaussure, et se fixent à la jambe au moyen de larges rubans noirs qui se croisent sur des bas d'un bleu foncé.

Le 29 décembre 1370, un soldat d'Elche, Francisco Canto découvrait sur le rivage voisin une caisse contenant une Vierge « dont les traits, dit la légende, rappelaient ceux des *Dames de Provence* », et le manuscrit d'un drame sacro-lyrique en langue *limousine,* portant en tête « l'ordre formel de le représenter chaque année le 15 août ». *Notre-Dame de l'Assomption* d'Elche est depuis ces temps lointains l'objet de la vénération des Espagnols d'Algérie, du Maroc, de Murcie, Alicante. Placée au-dessus du maître-autel de l'église Santa-Maria, coiffée d'une énorme couronne d'or massif et enveloppée d'un manteau de soie blanche brodé d'or et de pierreries, elle possède dans un immense écrin de velours bleu quantité de bagues, bracelets, diadèmes, croix de Charles III, dont on la pare le jour de l'Assomption.

Pour cette solennité on représente le mystère dont nous venons de parler. « Devant le grand autel, sur une longue estrade, la Vierge couronnée avec un voile lamé d'argent, en robe blanche et manteau de soie bleue est agenouillée : les saintes femmes et les Apôtres l'entourent et ceux-ci portent leurs noms inscrits sur le nimbe d'or qui cercle leur tête. Au-dessus d'eux, sur la coupole, une toile peinte figurant le Paradis s'entr'ouvre laissant monter et descendre au moyen de treuils des personnages célestes. C'est d'abord une énorme grenade où peut se tenir debout un jeune homme d'une quinzaine d'années faisant l'office d'ange. Il vient offrir à la Vierge une palme en chantant un couplet. Après quoi le fruit gigantesque se referme et disparaît. Marie donne la palme à Jean en lui recommandant de la déposer dans son tombeau ; elle s'étend alors sur un lit drapé de satin blanc, embrasse les saintes femmes, les apôtres qui l'entourent agenouillés et chantant des couplets, puis poussant un grand soupir, elle rend l'âme.

« A ce moment descend du ciel une grande plateforme, décorée de nuages et quatre anges qui l'occupent répandent sur le public une pluie éblouissante de poudre d'argent. Profitant de cet instant, la Vierge disparaît sous le théâtre.

« Le lendemain, procession : page portant le grand étendard de la ville, brodé au XVIIIe siècle ; derrière lui saint Jean avec la palme de la veille ; la statue miraculeuse vient ensuite, sur une litière traînée par les apôtres suivie du clergé et des membres de l'Ayuntamiento et de leurs massiers en costume Philippe II ; puis enfin la foule des femmes, pieds nus, les cheveux épars, tenant des cierges allumés.

« Le deuxième acte du drame se déroule dans l'après-midi : Un sépulcre entouré d'une haute balustrade, remplace le lit de la veille. Un chœur d'anges s'arrête, puis la Trinité apparaît. Le Père Eternel laisse descendre sur Marie une couronne impériale, puis lentement les groupes s'élèvent dans le Ciel avec la Vierge. »

Les applaudissements de la foule qui mange et boit dans l'église éclatent alors mêlés aux orgues, aux chants et aux cloches tandis que sur la place retentissent les accents de la *Marche Royale*. Etrange vision que l'*Assomption vivante de la Vierge* célébrée avec la pompe catholique dans ce paysage arabe, les cloches sonnant du haut de cette plate-forme blanche, sorte de minaret où l'on s'attendait tout à l'heure à voir le marabout invoquer Allah. Intéressante et vénérable coutume que le moyen âge a léguée pure à ce coin d'Espagne disparue...

IX

Espagne oubliée aussi le Maroc ! Cadix et Algésiras se silhouettent encore à l'horizon et soudain il semble que l'Europe s'est enfuie dans un abime inaccessible. Cependant les combattants de 1860 n'ont-ils pas arrosé plusieurs fois de leur sang (1) le sol de l'empire chérifien ; le nom illustre, depuis cette guerre, du duc de Tétuan n'est-il pas le vocable des principales rues ou places de toutes les villes de la péninsule ; le traité de Wad-Ras ne permet-il pas au Cabinet de Madrid d'obtenir dans le partage éventuel des influences au Maroc la satisfaction de ses intérêts essentiels et de ses aspirations légitimes ?

Sœurs d'un même sang, ouvrières d'une même

(1) Il y a une dizaine d'années, le croiseur-cuirassé *Regina-Regente* périt corps et biens en plein jour dans la traversée de Tanger à Cadix, revenant d'une ambassade politique au Maroc.

tâche, l'Espagne et la France doivent s'entendre équitablement; que ces deux nations latines aient conscience de leur parenté pour garder ensemble un héritage qui leur est commun; qu'elles s'inspirent de leurs illustres traditions et suivent les voies ouvertes par les ancêtres.

En redevenant peu à peu et pacifiquement latin, le Maroc ne ferait que reprendre le cours de ses destinées, car on ne saurait oublier que l'*Afrique Mineure* fit partie pendant sept siècles (42-710) de cet empire romain dont nous sommes issus, et cette province était devenue aussi latine que la Sicile, que Lutèce. Une première vague, celle des Vandales, y battit en brèche la civilisation ; un second cataclysme, l'invasion arabe balaya les derniers vestiges de latinité ; et des siècles devaient se passer avant que les Berbères, comme les Ibères d'Espagne et de Lusitanie, ne fissent retour à la grande famille latine.

Mais l'anarchie, que d'ardentes compétitions allemandes et américaines protègent, dévore complètement, on le sait, cet empire, et la nation qui entreprendra la pacification et l'organisation du Maroc aura contre elle le désert, les montagnes, l'enthousiasme guerrier d'une race indépendante, un pays déjà soulevé, des armes depuis longtemps préparées, mille obstacles imprévus, des embuscades sans nombre, des alliés incertains, des ennemis indomptables. Le Maroc est, de plus, l'inconnu à tous les points de vue. On ne sait ni combien de kilomètres carrés compte son territoire, car certaines de ses frontières ne sont même pas délimitées, ni de combien de millions d'habitants se compose sa population. Les évaluations varient de deux à vingt-cinq millions ! Les annales consulaires britanniques admettent le chiffre de cinq millions ; mais un savant d'Allemagne, le docteur Rohlf affirme que les Marocains ne sont même pas au nombre de trois millions. De sorte que nous serons longtemps encore à ignorer à dix millions près leur nombre.

Du reste par Marocains, il faut entendre une infinité de peuplades, quelquefois nomades, et les redoutables Touaregs eux-mêmes (1).

(1) L'origine ethnographique de ce peuple mystérieux est ainsi expliquée par un historien contemporain, M. Francis André *(Jeanne d'Arc)*. Sous Philippe-Auguste, un jeune homme se proclamant l'envoyé de Dieu erra de pays en pays s'avançant toujours jusque vers la Méditerranée en chantant des cantiques : 80.000 enfants, pour le suivre, quittèrent leurs parents sans qu'aucune force humaine pût les retenir. Quelques milliers seulement furent embarqués à Marseille à destination des contrées inconnues de l'Afrique. Mais dans l'histoire tout s'enchaîne : les croisades n'avaient pas uniquement pour but la reprise du Saint-Sépulcre vide : les chefs chrétiens voulaient sans nul doute reconstituer, à leur profit, les antiques colonies celtiques de l'Asie et de l'Afrique, conquérir les régions des Grands Lacs dont le régime des eaux seul rend maître de l'Afrique, et fournir à ces pionniers intelligents des colons de leur race. Et de nos jours, de singulières tribus bien qu'inféodées actuellement à l'islamisme ont conservé tant d'atavisme celtique qu'on se

Pour le moment, l'Espagne ne pourrait seule remplir utilement une mission civilisatrice ; car elle ne possède au Maroc que quelques pénitenciers où elle est pour ainsi dire assiégée.

Alboran, Penon de Velez de la Gomera, Alhucemas, Zaffarines, et deux présides, Ceuta (1) et Melilla, postes tous isolés les uns des autres, protégés par des forts dérisoires et n'ayant aucun territoire environnant.

Tout fait défaut du reste pour résister à un siège sérieux. Il n'y a même à Melilla, le poste le plus important de la côte, ni vivres ni provisions de guerre.

Ainsi, par exemple, plage ouest, casemate blockhaus

demande si elles ne sont pas des sentinelles perdues de notre Gaule conservant le souvenir maintenant inconscient de la consigne des siècles, de barrer le chemin des Lacs aux envahisseurs, des descendants de ces petits enthousiastes du XIIe siècle oubliés à la mort du roi saint Louis qui allait ni plus ni moins les rejoindre quand la mort le surprit à Tunis.

(1) La Madone de Ceuta, Notre-Dame d'Afrique, tient le Christ descendu de croix sur ses genoux, et un bâton en bois d'olivier entre les mains. Lorsque don Juan de Portugal conquit Ceuta en 1415, il en confia la garde à Pedro de Meneses qui montrant son bâton dit : « Je me charge avec lui de maintenir en respect toute la canaille maure. » Il fut offert, lors de la peste de 1744, par le gouverneur Pedro de Largas Maldonado à la Vierge aux pieds de laquelle on donne l'investiture aux gouverneurs nouveaux. Sur les remparts de Ceuta, saint Jean de Dieu travailla comme manœuvre, et sous ces murs, en combattant les Maures, le grand poète Camoëns perdit un œil.

de Farajal, pas d'eau ; tour de Mendizabal, une seule citerne pouvant servir à 200 hommes et pour 30 jours ; fort de Benzu, une seule citerne ; fort Alphonse-XII, eau lointaine ; fort Isabelle II, eau stagnante pour 100 hommes et pendant 15 jours seulement ; tour du Renégat, eau très lointaine ; tour de Gibel-Anghera, pas d'eau ; pas de vivres dans aucun blockhaus, à peine quelques caisses de munitions... Aux îles Zaffarines, 150 soldats gardent 200 forçats. Même en pénétrant pacifiquement et par les voies économiques, il faut tenir les insurgés en respect par la menace d'une armée et d'une flotte puissante.

Dès son premier mariage, Alphonse XII, bon prophète, prévoyant de graves conflits pour l'avenir aux Antilles, appréciait un jour devant Ernest Daudet la question de Cuba comme « une plaie si grave qu'elle engageait la vitalité même du royaume ». Dans les conditions qui lui sont faites de nos jours par le sort des armes et la nature, séparée du monde par le Portugal et les Pyrénées, l'Espagne doit pour ainsi dire se féliciter de vivre enfin uniquement chez elle, par elle et pour elle. Débarrassée du chancre de Cuba, elle pourra consacrer exclusivement toutes les forces vives de la nation à sa régénération intérieure ; car sa décadence date du jour où l'orgueil dominateur des héritiers espagnols de Maximilien d'Autriche, maîtres déjà de Milan, Naples et des Deux-Siciles, des

Pays-Bas, de la Flandre, de l'Artois, de la Picardie, de la Bourgogne, de la Franche-Comté et du Roussillon, de l'Allemagne, du Nouveau Monde, des Etats Barbaresques, dans un rêve d'omnipotence universelle, songeaient à absorber tout le reste de la France et même l'Angleterre.

La distance épuise la conquête. Les conquérants que l'Europe et l'Asie se sont mutuellement envoyés, Xerxès, Alexandre, Attila, Mahomet, ont été battus par la distance plus que par la force de leurs adversaires. L'empire romain s'écroula, quand, selon le mot de l'orateur, « l'éloignement des frontières eut fatigué le vol des légions ». Napoléon a été vaincu, quand l'onde extrême de sa conquête eut atteint Moscou. Récemment encore, la riche et puissante Angleterre a failli connaître l'extrémité de ses ressources au Transvaal.

Et cependant quelle revanche éclatante et féconde devaient prendre depuis et en pleine paix un million des Français d'Alsace succombant dans une résistance digne de l'héroïque légende! La vaincue de Sedan n'avait, il y a vingt-cinq ans encore, en dehors de sa *coûteuse* province d'Algérie, que 500.000 kil. carrés de territoires incultes éparpillés sur toute la surface du globe. Le drapeau français flotte aujourd'hui sur des colonies d'une superficie dépassant 7 fois celles de la métropole et peuplées de plus de 40 millions de sujets ! Cet exemple doit donner aux Espagnols qui résistèrent du reste si souvent à des crises où toute autre nation eût succombé vingt fois, le ferme espoir de reprendre promptement leur rang en Europe (1).

Dans la succession marocaine, la France, héritière privilégiée (2), faillirait même à son devoir et à ses traditions chevaleresques (3), si elle ne tenait pas compte de ce que l'on est convenu d'appeler « l'expansion naturelle des peuples ».

(1) « Tout est à faire, s'écriait la reine régente pendant la guerre de Cuba, tout est à faire quand on a l'espoir. »

(2) On oublie trop aujourd'hui à l'Etranger que le traité de Lalla-Marnia, qui mit fin à notre expédition du Maroc en 1844, rendait la France indiscutablement maîtresse d'occuper et de garder la moitié de l'empire actuel. Loin de stipuler une cession de territoire, nous n'avons même pas exigé une indemnité de guerre bien que la campagne eut coûté plus de 20 millions. La presse de l'opposition trouvait, non sans raison, le procédé fort naïf. Mais le *Journal des Débats*, qui était alors l'organe des Tuileries, riposta par ce mot célèbre devenu proverbe depuis : « *La France est assez riche pour payer sa gloire.* »

(3) Déjà si généreuse lors des inondations de Murcie, la France après les défaites de Cuba, s'entremit officiellement et fraternellement au nom du gouvernement de Madrid pour faire des ouvertures de paix aux Etats-Unis qui menaçaient, dit-on, d'envahir les Canaries et même de faire une démonstration navale aux Baléares.

Avec une grande libéralité, notre gouvernement abandonna peu après une portion du Congo français à l'Espagne qui possédait les ilots Corisco et Elobey dans ces parages, lui permettant ainsi, après la perte des Antilles et des Philippines, de reconstituer un petit domaine colonial. Ces négociations valurent même au si distingué diplomate qui représente Alphonse XIII à Paris, le titre de marquis del Muni.

Il semble rationnel de faire une large part à l'influence espagnole au Maroc. Les Espagnols ont colonisé presque seuls la partie ouest de l'Afrique du Nord, d'Oran jusqu'à la mer. Dans le département d'Oran, on rédige en espagnol et en français la plupart des avis officiels et des affiches électorales, et dans certaines localités, le prêche se fait en espagnol.

Outre Fez et un port indispensable devant les Canaries, on doit donc accorder à l'Espagne, les territoires qu'en 1860 le traité de Was-Ras lui garantissait, en tout, la contrée bornée par l'Océan, l'Atlas et la Moulouya. Et les Français conservant quand même la moitié du Maroc avec issues importantes sur l'Atlantique, offriraient ainsi à l'Espagne le plus beau fleuron de sa couronne, le royaume de Fez.

TABLE DES MATIÈRES

PARIS-AUTEUIL

IMPRIMERIE DES ORPHELINS-APPRENTIS

F. BLÉTIT, 40, RUE LA FONTAINE

1153-01

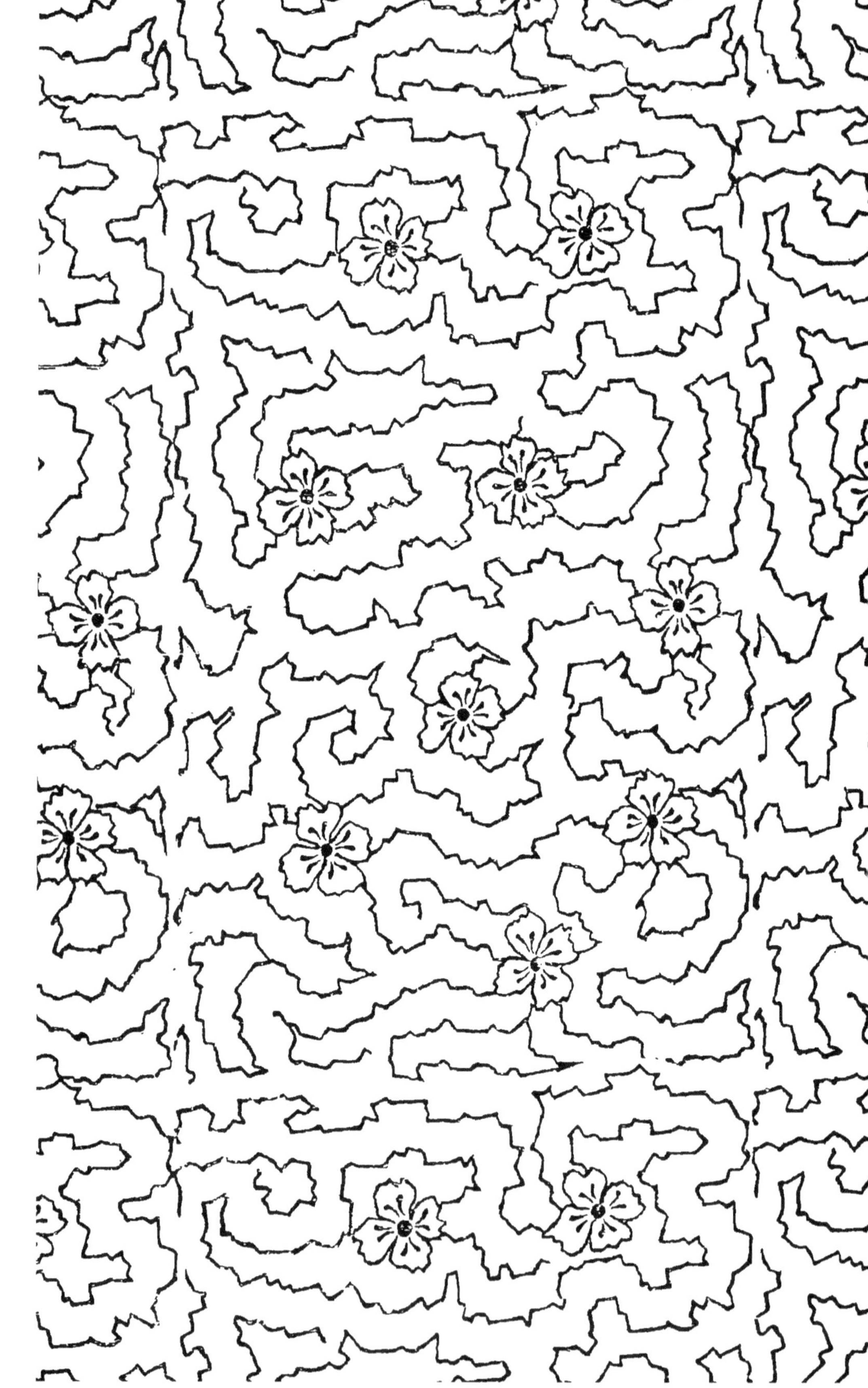

BIBLIOTHEQUE NATIONALE DE FRANCE

www.ingramcontent.com/pod-product-compliance
Lightning Source LLC
LaVergne TN
LVHW020350230826
846091LV00003B/1048

9782012886001